Mon enfant me dévore

Lyliane Nemet-Pier

Mon enfant me dévore

Albin Michel

Collection « Questions de parents »
dirigée par Mahaut-Mathilde Nobécourt

22, rue Huyghens, 75014 Paris
www.albin-michel.fr
ISBN 2-226-13785-8
ISSN 1275-4390

Sommaire

« Mon copain, avec sa mère, il peut pas dire non, sinon elle le claque. Avec moi, il peut dire non. Je l'aide comme je peux, c'est mon devoir de copain, c'est bien de dire non, c'est comme si on était libre, un rebelle en face de ses parents, comme quand on est sur une moto ou qu'on est un oiseau. »

David, onze ans et demi.

Introduction

« Ils nous pompent, les gamins ! » « Il me prend la tête ! » « Tu me gonfles... » « T'es pas gentil... » « J'suis fatigué... » « C'est usant... » « Il me tuera ! » « C'est chiant les enfants, c'est le bagne ! » Ces phrases, dites à haute voix, chuchotées ou murmurées autour de nous, nous sont d'autant plus insupportables qu'elles ne sont pas si étrangères à ce que nous pensons parfois. Et elles traduisent une véritable souffrance.

L'amour des parents, n'est-ce pas aussi cela ? Des réactions plus ou moins agressives envers ses enfants quand on se sent dévoré, exaspéré, excédé, en colère, impuissant, parallèlement à des réactions d'amour, de tendresse, de soutien, de partage et de plaisir...

Nous allons tenter d'explorer ensemble l'ambivalence amour-haine que tout parent ressent envers son enfant, à partir de ses réactions hostiles, agressives, voire violentes, qui émaillent naturellement toute vie de famille au quotidien. Nous visiterons cette face cachée dont on n'ose trop parler, cet insupportable à entendre, à voir, à vivre, en égrenant les pulsions contradictoires et fluctuantes qui nous habitent.

Aimer son enfant, cela veut dire tellement de choses bonnes ou mauvaises pour lui, constructives ou destructrices.

Dans la partition de l'amour parental, le trop d'amour et le manque d'amour apparaissent souvent à égalité comme des variations pathologiques. Car l'amour ne va pas sans désamour ; et la surprotection, l'excès de tendresse, comme le désir d'autonomiser et de responsabiliser trop rapidement son enfant, témoignent souvent d'une hostilité inconsciente à son égard.

Que l'amour cohabite avec des mouvements d'agacement, d'énervement, d'étouffement, d'agressivité, de rejet, voire de haine, est difficile à accepter pour des parents. Pourtant, l'éducation d'un enfant est tellement responsabilisante que ces mouvements sont inévitables. Elle oblige à remuer le terreau dans lequel on a grandi : elle réveille les bonheurs et malheurs qu'on a traversés depuis la naissance, elle touche le réseau de relations familiales ou sociales qu'on a tissées.

Aujourd'hui, nous cherchons avant tout notre épanouissement personnel. C'est le sacre de l'individualisme. Quelle place reste-t-il à l'enfant ? Peut-on encore accepter d'être dévoré par ses enfants ? Et la dévoration n'est-elle pas intrinsèque à toute fonction parentale ? Dans ce cas, comment concilier ses désirs avec les contraintes inhérentes au rôle de parent ? Les parents ne vivent-ils pas ces contraintes comme dévorantes parce qu'elles suspendent la recherche de leur bonheur individuel ? Les enfants contribuent à leur épanouissement, mais dans quelle mesure ne l'entravent-ils pas aussi ? Comment vivre la contradiction suivante : se préserver plus d'espace à soi et, en même temps, rongé par la culpabilité de n'être plus beaucoup là, être content de retrouver ses enfants, quitte à se laisser dévorer ?

C'est ainsi que l'enfant est devenu un être très précieux, mais qui ne doit pas déranger : ne pas s'agiter, ne pas être malade, ne pas faire de bruit ni de vagues ; à lui impérativement de bien dormir, bien grandir, bien travailler. Un enfant, oui, tant qu'il « fonctionne » bien. Mais, dès que quelque chose ne va pas, les parents ont le sentiment d'être « bouffés ». S'il pleure, s'il ne dort pas, s'il ne mange pas, s'il est trop remuant, s'il travaille mal, s'il est trop « collant », il faut vite enrayer ce « dysfonctionnement ».

Et l'enfant, surtout, ne doit pas faire perdre de temps : on l'habille, c'est plus rapide ; on lui enfourne la cuillère dans la bouche, c'est plus pratique ; on le lave, ça va plus vite ; on l'installe devant la télé, on a la paix ; on lui donne sa tétine dès qu'il réclame ou pleure.

Aujourd'hui, on ne laisse plus les fruits s'épanouir naturellement : ils mûrissent dans les cales des bateaux et les soutes des avions pour arriver le plus vite possible sur les marchés. N'en est-il pas de même avec les enfants dont on voudrait qu'ils fonctionnent tout de suite à plein régime, qu'ils soient suaves sans avoir été réchauffés par le soleil, parfaits, conformes, au risque d'être jetés ou vilipendés s'ils ne sont pas présentables ou à point ? On ne laisse pas le bébé s'adapter à sa nouvelle vie extra-utérine, à sa vie aérienne : il a besoin de temps pour faire connaissance avec ses parents et trouver avec eux le bon « accordage » ; il faudrait que, dès la sortie de la maternité, il fonctionne à plein régime sans faire de vagues ni de bruit ! On voudrait que l'enfant devienne un adulte heureux, autonome, épanoui, sans qu'il connaisse le lent travail d'intégration des limites, de la loi et des frustrations. Il doit être respectueux de l'autre sans avoir eu la possibilité de s'y confronter, à cet autre parental qui se plie à ses désirs et ne marque pas son altérité et la différence de générations. Il doit mûrir et briller de mille feux sans avoir été mis à l'épreuve du risque. Il grandit à l'abri de la réalité et de ses aléas, à l'abri des frustrations.

À la question « Quelles évolutions de la famille ont marqué la société française ? », Monique Sassier, directrice adjointe de l'Union nationale des associations familiales, répondait : « L'enfant occupe une place nouvelle au sein de la famille : il est de plus en plus cher, dans tous les sens du terme. Il se fait rare, avec la baisse de la natalité, et ses parents sont de plus en plus exigeants à son égard. Dès son plus jeune âge, ils recherchent les conditions optimales de son bien-être avec des modes de garde personnalisés et performants, des exigences familiales et sociales fortes. Autre changement : les grandes fonctions parentales sont de plus en plus assurées à l'extérieur de la famille ; les soins sont dispensés dans les centres de protection maternelle et infantile (PMI), les tout-petits sont accueillis dans les crèches et scolarisés dès l'âge de deux ans. Cette modification de la participation des parents à l'éducation de leurs enfants est une des causes des difficultés relationnelles entre parents et enfants. Enfin, le développement de l'activité féminine et l'allongement de la période entre le départ du jeune du foyer parental et l'arrivée de son premier enfant contraignent la transmission entre générations, l'apprentissage du métier de parent et du savoir-vivre en famille. Une transformation radicale s'opère qui consiste à associer le désir individuel de réussite pour chacun des membres du couple et le succès d'une vie familiale harmonieuse[1]. »

La paix et la réussite à n'importe quel prix ? Qui paie l'addition ? Dans notre société où l'on valorise le court terme, le présent, l'immédiateté, l'avoir et le paraître plutôt que le long terme et l'être, l'enfant est souvent considéré comme un bien de consommation convoité, un lot de consolation pour réparer les ratés de son enfance et de son adolescence, un renforcement narcissique de soi-même qui doit tout de suite contribuer à l'estime de soi et à sa valorisation.

1. *Le Monde*, 3 septembre 2001.

Nous ferons cette traversée de la souffrance des parents en parcourant ces pensées secrètes que j'entends parfois s'exprimer en consultation ou jaillir autour de moi, ces pensées hostiles, parfois très violentes et très culpabilisées, que nous livrent les parents ; en parcourant les projections, les fantasmes, les fantômes dont les parents recouvrent leur enfant dès sa naissance...

Nous nous arrêterons sur ce qui conduit tout parent à être, à certains moments, plus ou moins agressif, violent, voire parfois humiliant ou haineux avec son enfant, et nous ferons la part de l'ambivalence qui détruit et de celle qui peut l'aider à se construire.

Nous explorerons les multiples facettes du kaléidoscope de l'amour parental et de son ambivalence.

1
Dévoration et ambivalence

> « Si la société est menacée, ce n'est pas tant à cause du comportement agressif humain que du refoulement, chez l'individu, de sa propre agressivité [1]. »

On parle de dévoration quand on se sent submergé, bousculé, embarqué dans une direction où on ne voudrait pas aller, quand on a l'impression d'une effraction de son moi, d'une atteinte de ses limites. Tout parent éprouve plus ou moins ce sentiment d'être dévoré : dévoration-plaisir, dévoration-enfer ? Tantôt on se laisse emporter avec confiance, on s'abandonne aux délices de l'altérité et du don, on vit les liens avec ses enfants comme des liens qui réchauffent. Tantôt on se sent phagocyté, happé, submergé, noyé, on a l'impression de perdre son identité dans des liens avec ses enfants qu'on vit alors comme des ligatures.

Plusieurs facteurs contribuent au ressenti de dévoration-plaisir :

– le renforcement de son narcissisme, la valorisation de soi, la sensation d'être aimé, utile et indispensable ;

1. Donald W. Winnicott, « L'agressivité et ses rapports avec le développement affectif », in *De la pédiatrie à la psychanalyse*, Payot, 1969, p. 80.

– la restauration, la cautérisation et la réparation des blessures de l'enfance, de ce qu'on n'a pas eu ou mal vécu.

Plusieurs facteurs contribuent au ressenti de dévoration-enfer :

– la responsabilisation et la vigilance en continu : « Comment vais-je faire avec ce petit être qui ne parle pas ? » La peur d'être incompétent, d'être écrasé par le poids de la responsabilité ;

– la dépendance absolue vis-à-vis du bébé : la soumission obligée à ses demandes, sa fragilité, sa passivité, vécues comme des exigences qui vont jusqu'à persécuter les parents (dans les pathologies lourdes de maltraitance) ; cette dépendance diminue au fur et à mesure du développement de l'enfant et de l'acquisition de son autonomie ;

– le manque de liberté et la perte obligée de l'insouciance : la sensation d'être bloqué, l'impression d'être dans un carcan de tâches répétitives inéluctables, le désir de s'échapper, l'impossibilité de laisser libre cours à l'imprévu et la nécessité de s'organiser. Vivre tout cela comme un empiétement sur sa vie, son temps, son intimité.

Existe-t-il une limite à ce qu'on peut donner chaque jour à un enfant sans se sentir entamé ou peut-on trouver du plaisir à donner sans limites ? À quel moment a-t-on l'impression que l'enfant empiète sur son territoire ? Quelle distance trouver entre le parent « château fort », lointain et très occupé, et le parent « maison », toujours présent et disponible ?

La dévoration, c'est fluctuant

Suivant les moments, chacun oscille de l'un à l'autre. La dévoration, ça ne dépend pas seulement du bébé ou de l'enfant, de ce qu'il demande comme attention, tendresse, soins et vigilance.

□ C'est fonction de l'état du parent

On peut très bien se sentir dévoré à certains moments et à d'autres pas du tout, alors que les demandes de l'enfant sont les mêmes. C'est un sentiment qui dépend plus de l'état de fatigue du parent, des satisfactions qu'il a éprouvées dans la journée ou de sa vie affective : « Le jour où on est en forme, elle a le droit à tout, et le jour où on en a marre, on ne cède pas. »

Quand on est tendu, le moindre grain de sable fait tout exploser puisqu'on était déjà, dans sa tête, en overdose. Il suffit que l'enfant fasse un peu trop de bruit ou touche à nos affaires pour que nous craquions alors qu'un autre jour, dans une atmosphère détendue, nous l'aurions supporté. Et c'est souvent justement parce qu'on n'est pas vraiment disponible dans notre tête que l'enfant, le percevant, se fait plus insistant pour nous attirer à lui et nous retenir.

Quand un parent se sent seul, malheureux, insatisfait, la moindre demande de son enfant le déborde. Désorienté, démuni, il lui devient difficile de dire non, de donner des limites ou, au contraire, il ne laisse rien passer pour ne pas risquer d'être entamé là aussi.

Pourtant, en fonction de son narcissisme et de son besoin de restauration, un parent peut éprouver du plaisir à se sentir dévoré : « C'est la première fois de ma vie que je découvre le sentiment d'être irremplaçable... Mon fils m'aime démesurément et il l'exprime, ça fait du bien à mon narcissisme. Je suis la seule capable de calmer ses angoisses, ses demandes m'émeuvent, me touchent. Je vais le prendre dans mes bras, il va se lover contre moi, il me remplit. Alors que ma fille, qui est si facile, autonome, qui semble ne pas avoir besoin de moi, est-ce qu'elle m'aime vraiment ? » La femme qui s'exprime là est heureuse avec son mari, mais sans doute s'agit-il pour elle de restaurer un narcissisme défaillant dans sa petite enfance : elle se laissera donc happer avec délectation par les demandes itératives de son fils.

Pour illustrer encore la relativité du vécu d'envahissement ou de dévoration, penchons-nous sur un extrait de dialogue entre des parents :

La mère :

– On est envahi par nos enfants depuis qu'ils sont nés.

– Non, répond le père, ils ne nous ont pas envahis, ils sont venus occuper la place au milieu de nous. Je n'aime pas ce terme « envahir ».

Ce couple a traversé ensemble des moments difficiles. Les enfants se sont installés dans l'espace laissé vacant entre eux deux, de jour comme de nuit : le jour, ils les ont laissés les interrompre dès qu'ils se parlaient ou étaient occupés, et, la nuit, ils leur ont permis de squatter le lit conjugal qui ne l'était plus vraiment. Pourtant, l'un et l'autre l'ont ressenti différemment.

□ C'est fonction de la relation que le parent a avec son enfant

Par exemple, on se sent toujours dévoré par un de ses enfants et jamais par un autre. « Je suis exaspérée avec l'un, mais pas avec l'autre ; elle, elle peut faire ce qu'elle veut », me dit cette maman, tandis qu'une autre constate : « Quand je suis à bout, je vais facilement brusquer plus l'un que l'autre, toujours le même. »

On voit bien là que nous sommes dévorés selon ce que nous renvoie l'enfant, selon ce que nous projetons sur lui. On aura une relation différente avec son enfant selon qu'il sera né sans difficultés ou qu'il aura fallu attendre et accomplir tout un parcours du combattant pour l'avoir (stimulations ovariennes, FIV, PMA). S'il est l'enfant du miracle, on se laissera sans doute plus facilement dévorer : comment manifester de l'exaspération vis-à-vis de cet être qu'on a tellement désiré et qui est enfin là ? La dévoration sera là de l'ordre de la dévoration-plaisir.

De même, on se laissera plus facilement dévorer si son bébé est en mauvaise santé, s'il a été hospitalisé, s'il a dû subir des soins douloureux ou s'il est continuellement malade. Culpabilisé d'avoir mis au monde un petit être qui souffre, impuissant à le soustraire à cette douleur, on tolérera particulièrement mal sa souffrance, ses pleurs : on sera permissif et on passera sur beaucoup de choses pour ne pas ajouter à ses souffrances.

Si le couple a éclaté et qu'on est séparé de ses autres enfants, on acceptera de l'enfant avec lequel on vit au quotidien beaucoup plus de choses, on aura du mal à lui fixer les limites pour réparer et lui donner ce qu'on n'a pu ou qu'on ne peut plus donner aux autres chaque jour.

□ C'est fonction de l'environnement

Exigences et donc tolérance ne sont pas les mêmes selon le lieu et la situation dans laquelle on se trouve :

- si l'on est seul avec son ou ses enfants ;
- si l'on est avec son conjoint ;
- si l'on est devant des gens qu'on connaît ;
- si l'on est devant des gens qu'on ne connaît pas.

On ne gérera pas de la même façon la colère d'un enfant si elle survient à la maison alors qu'on est seul avec lui, si elle explose devant ses autres enfants ou devant son conjoint ou devant sa belle-famille, ou si elle éclate dans un lieu public !

Le regard que peuvent porter les autres sur notre comportement, le désir de donner telle image de nous, et donc de nos enfants, influence notre seuil de tolérance. Nous laisserons davantage passer si c'est à notre avantage ou, au contraire, nous nous montrerons particulièrement exigeants pour renforcer notre image.

Les tolérances ne seront pas non plus les mêmes si l'on est seul à s'occuper de son enfant ou si l'on peut se reposer sur quelqu'un d'autre. Si l'on n'a jamais personne avec qui partager la responsabilité de son ou de ses enfants, il est évident qu'on se sentira plus vite dévoré.

□ C'est fonction de l'âge de l'enfant

On ne se sentira pas dévoré de la même façon selon qu'il s'agit d'un bébé, d'un petit enfant ou d'un adolescent. Nos seuils de tolérance ne seront pas les mêmes et nos exigences seront plus élevées au fur et à mesure que l'enfant grandira. Ne dit-on pas : « Petits enfants, petits soucis ; grands enfants, grands soucis ! »

On voit donc que le sentiment de dévoration est bien fluctuant et dépend de nombreux facteurs dans lesquels l'enfant n'entre que pour une petite part. À partir de quand estime-t-on que ça dérape, qu'on ne peut plus laisser passer ?

Il y a une cinquantaine d'années, les parents ne se laissaient pas dévorer. L'autorité régnait dans les familles. L'enfant se devait d'écouter et d'obéir sans broncher, sans discuter. Il ne prenait la parole que si on l'y autorisait. Ses désirs étaient peu entendus.

Aujourd'hui, le sentiment d'être dévoré se développe de plus en plus. Dès que l'enfant dit : « Je veux » ou : « Je ne veux pas », il est souvent entendu et suivi. De plus, l'âge de ces enfants est de plus en plus précoce. Nombreux sont les parents qui n'y arrivent pas avec des bambins de deux ans et demi, trois ans : ils s'épuisent à les faire obéir, s'habiller, se laver, se coucher, etc., ils se débattent avec des crises et des colères qui se multiplient dans la journée et même la nuit. On voit ces petits bouts de chou régenter allégrement la vie de leurs parents et quelquefois de leurs frères et sœurs plus grands. Ce sont des enfants auxquels on ne met ni interdits ni limites par peur de les traumatiser, de les rendre malheureux et d'interrompre le dialogue sacralisé, ne serait-ce que quelques minutes. Pour ces parents, fixer une limite est violent en soi puisque ça contraint leur enfant, le bride dans ses désirs et peut donc le rendre malheureux.

Plus on se sentira dévoré, dépendant, vampirisé, plus le lot de haine, d'hostilité et de culpabilité qu'implique l'ambivalence ressortira.

L'ambivalence des parents

« J'adore m'occuper de mes enfants même si je pète les plombs quand je suis fatiguée », déclare une mère. L'ambivalence des sentiments est une composante fondamentale de tous les rapports humains. Elle représente la capacité d'aimer et de haïr en même temps un même objet. Nous éprouvons tous de l'amour et de la haine pour nos proches, des sentiments à la fois tendres et hostiles.

Être parent suscite des sentiments contradictoires, chaotiques, souvent écrasants, qu'il est difficile de reconnaître. Tantôt on trouvera que c'est un grand bonheur de partager des moments avec ses enfants, tantôt on ferait tout pour ne plus entendre leurs cris, leurs demandes incessantes, échapper à l'écrasante responsabilité de s'occuper d'eux. Tantôt on sera très fier d'emmener son bout de chou à l'école, tantôt on s'en passerait bien. Tantôt on se sentira nul et incompétent, tantôt on se trouvera indispensable et suffisamment bon.

Or « certaines personnes découvrent avec stupeur qu'il leur arrive d'éprouver autre chose que de l'amour pour leurs enfants en bas âge[1] ». L'ambivalence des parents envers leurs enfants est encore difficilement admise, alors que celle des enfants envers leurs parents est maintenant reconnue et acceptée. « Dès sa naissance, l'enfant n'échappe pas à une suite de contradictions d'amour et de violence venant de ses géniteurs. Tantôt ceux-ci l'aiment comme eux-mêmes, il les rapproche et scelle leur union. Tantôt, ils le repoussent car il les agresse, fait irruption entre eux, les sépare, les oblige à "se sacrifier" comme disent tant de parents... L'ambivalence n'est pas nouvelle[2]. »

On trouve une remarquable illustration de l'ambivalence des sentiments parentaux dans le film *Tanguy*, d'Étienne Chatiliez, qui confie lui-même : « J'ai voulu faire un film iconoclaste : tout parent parfois a envie de tuer son enfant, mais n'ose jamais le dire, car c'est sacrilège de vouloir se débarrasser de la chair de sa chair. »

Tanguy a vingt-huit ans et vit toujours chez ses parents. Ceux-ci souhaitent qu'il devienne autonome, qu'il parte, mène sa vie d'homme loin d'eux : « Je ne peux plus le supporter, j'ai envie de le gifler dès qu'il rentre dans une pièce, je suis un monstre », dit sa mère. Ou encore : « Avant, je n'avais qu'une peur, c'est qu'il parte, maintenant, c'est qu'il reste... Faut qu'il parte, je vais tomber malade ! » Mais, en même temps, ils font tout pour qu'il reste chez eux : « Tu dînes à la maison, tu ne restes pas avec nous ? » Ils lui répètent qu'ils l'aiment à longueur de temps, ne le responsabilisent pas (ils font tout pour lui, s'occupent de son linge, rangent sa chambre, débarrassent sa table), partagent les mêmes fêtes, préfèrent qu'il amène ses petites copines à la maison pour avoir l'œil sur ses fréquentations... N'osant

1. Donald W. Winnicott, « Tout ce qui agace », in *Conseil aux parents*, Bibliothèque scientifique Payot, p. 101.
2. Christiane Olivier, dans une interview à *Elle* sur la violence des jeunes, au moment de la sortie de son livre *L'Ogre intérieur, de la violence personnelle et familiale*, Fayard, 1999.

l'affronter directement, ils l'agressent alors indirectement en lui préparant toutes sortes de pièges, ce qui leur permet de rester en bons termes avec lui et de dénier toute l'hostilité qu'ils ressentent. Il n'est pas étonnant que ce film ait connu un tel succès aussi bien auprès des jeunes que de leurs parents !

Pourquoi les mères se laissent dévorer

Nous sommes imprégnés de l'image d'Épinal selon laquelle toute mère est faite de dévouement et d'abnégation. « L'amour maternel n'est nullement le corps pur et idéal, le sentiment simple, sans mélange et sans conflits, que l'on se plaît à imaginer. C'est au contraire un sentiment complexe, ambivalent et ambigu où se mêlent étroitement l'amour et l'agressivité. (...) Freud était pour une fois optimiste quand il tenait l'amour d'une mère pour le seul sentiment au monde à n'être pas ambivalent. Winnicott, de qui l'on connaît les travaux importants sur la relation mère-enfant, a su montrer toute l'ambivalence qu'une mère peut naturellement éprouver envers son nourrisson [1]. »

Dans un texte désormais considéré comme un classique, Winnicott [2] expose avec humour et toute sa finesse de clinicien les dix-sept raisons qu'a une mère de haïr inconsciemment son bébé :

« La mère hait son petit enfant dès le début (...) et permettez-moi de donner quelques-unes des raisons pour lesquelles une mère hait son petit enfant, même un garçon :

– L'enfant n'est pas sa propre conception (mentale).

1. Paul-Claude Racamier, « À propos des psychoses de la maternalité », in Michel Soulé, *Mère mortifère, mère meurtrière, mère mortifiée*, ESF, 4e édition, 1984.
2. « La haine dans le contre-transfert », 1947, in D. W. Winnicott, *De la pédiatrie à la psychanalyse*, *op. cit.*

– L'enfant n'est pas celui du jeu de l'enfance, l'enfant du père, l'enfant du frère, etc.

– L'enfant n'est pas produit par magie.

– L'enfant est un danger pour son corps pendant la grossesse et à la naissance.

– L'enfant représente une interférence dans sa vie privée, un défi à l'occupation antérieure. Dans une plus ou moins large mesure, une mère a le sentiment que sa mère à elle exige un enfant, de sorte que son enfant est un produit pour se concilier sa mère.

– L'enfant blesse ses mamelons même en tétant, car téter c'est mâcher.

– Il est cruel, la traite comme moins que rien, en domestique sans gages, en esclave.

– Elle doit l'aimer lui, ses excréments et tout, au moins au début, jusqu'à ce qu'il ait des doutes sur lui-même.

– Il essaie de lui faire mal, il la mord de temps à autre, tout cela par amour.

– Il montre la désillusion qu'il ressent à son égard.

– Son amour brûlant est un amour de garde-manger, de sorte que, lorsqu'il a ce qu'il veut, il la rejette comme une pelure d'orange.

– Au début, il faut que le bébé domine, il faut qu'il soit protégé des coïncidences, il faut que la vie se déroule à son rythme et tout cela exige de sa mère un travail minutieux et constant. Par exemple, il ne faut pas qu'elle soit anxieuse lorsqu'elle le tient, etc.

– D'abord, il ne sait pas du tout ce qu'elle fait ou ce qu'elle sacrifie pour lui. Et surtout il ne peut pas laisser place à la haine de sa mère.

– Il est soupçonneux, refuse sa bonne nourriture et la fait douter d'elle-même, mais il mange bien avec sa tante.

– Après une matinée épouvantable avec lui, elle sort et il sourit à un étranger qui dit : “Comme il est gentil.”

– Si elle lui fait défaut au début, elle sait qu'il le lui fera payer à perpétuité.

– Il l'excite mais la frustre – elle ne doit pas le manger ni avoir un commerce sexuel avec lui. »

Winnicott nous montre clairement avec quels sentiments d'hostilité envers ce bébé si cruel une mère doit se battre. Sans s'en prendre à lui, elle doit pourtant tolérer de le haïr.

Et pourtant, « l'attribution à une mère de sentiments agressifs vis-à-vis de son enfant est une idée parmi les plus difficiles à recevoir, tant nous sommes imprégnés du mythe de la pureté de l'amour maternel[1] ». Il est encore difficile pour une mère, face à la pression de la société, d'avouer certaines souffrances (toutes les souffrances maternelles sont encore loin d'être bonnes à dire !) et certains sentiments hostiles sans risquer de paraître monstrueuse ou anormale (d'où l'importance des marâtres qui, dans les contes de fées, protègent les mères de leur ambivalence : ce ne sont jamais elles, les mauvaises). Les langues maternelles ne se délient pas encore facilement pour dévoiler leurs pensées secrètes, et nombreuses sont celles qui taisent ou ont tu ce ressenti parfois hostile, très culpabilisé : l'indifférence ressentie à la naissance de leur bébé, le dégoût de l'allaitement, la peur d'être incompétente, la déception par rapport à l'ampleur des contraintes, etc.

L'ambivalence de leurs sentiments s'exprime clairement dans leurs propos ou leurs attitudes : « Je ne fais plus rien pour moi, je me suis effacée, je ne fais plus de sport, je ne sors plus, je ne lis plus, quand il est là, je ne peux rien faire... », avoue cette maman dont les yeux ne peuvent cependant se détacher de son petit bonhomme de vingt

1. Léon Kreisler, « Le corps meurtri », in *Mère mortifère, mère meurtrière, mère mortifiée*, *op. cit.*

mois qui, lui, mène sa vie. « J'adore être mère, mais j'ai un oubli de moi-même complet. J'ai refermé mes centres d'intérêt, je me suis rabattue sur eux ! » déplore cette autre maman de deux enfants, consciente que son bonheur présent passe par le renoncement d'elle-même.

Et l'attitude contradictoire de cette mère qui vit seule avec sa fille de dix ans illustre particulièrement cette ambivalence : d'une part, elle se plaint de ne jamais pouvoir souffler (à juste titre), revendique de vouloir vivre aussi sa vie de femme ; mais, d'autre part, dès que sa fille émet le désir d'aller chez des amies ou de faire une activité de loisirs, pendant laquelle elle pourrait justement s'occuper un peu d'elle-même, elle ne l'y autorise pas : « Elle s'amuserait pendant que moi je ferais tout à la maison ? »

« Et derrière toutes les mères qui viennent à la sortie des classes, derrière leurs sacs de courses, leurs baisers avides, leurs sermons bien tempérés, d'autres herbes poussent. Folles, amères, indécrottables. Si nombreuses qu'on pourrait en faire des fagots qui surprendraient les progénitures, les effraieraient peut-être ou les rendraient songeuses. Si seulement les enfants savaient ce qui pousse dans la tête des mères, ils iraient planter leur tente ailleurs[1]. »

Il est évident que ce sont toujours les mêmes qui se sentent dévorées. À qui la faute ? Aux mères qui ne veulent pas déléguer, aux pères qui n'assument pas vraiment ?

Qu'en est-il de la dévoration pour les pères ? La connaissent-ils aussi ou y échappent-ils ?

1. Nathalie Azoulai, *Mère agitée*, Le Seuil, 2002, p. 44.

Les pères se laisseraient-ils moins dévorer que les mères ?

« Leur père peut faire des trucs pour lui, ils le laissent tranquille. »

« Avec leur père, il n'y a pas de crises, ça n'est qu'avec moi que ça se passe mal. »

« Je suis victime consentante, je leur permets de m'envahir, mais pas leur père. »

Ces témoignages de mères tendraient-ils à montrer que les pères se laissent moins facilement dévorer que les mères ?

À la naissance, c'est le sein de la mère que le bébé convoite et a envie de dévorer quand il ne le gratifie pas. Le père n'est pas directement concerné par ces toutes premières interactions. Il ne connaît pas la relation symbiotique et fusionnelle avec son bébé car il ne l'a pas senti, pendant neuf mois, habiter son corps, le « déformer », l'envahir. Le père, même s'il est présent, n'est pas convoité par son bébé de la même façon. Il est tenu à l'écart, la plupart du temps, de leur intimité corporelle. Aussi risque-t-il moins de se sentir débordé, d'avoir l'impression de perdre ses limites et son individualité. Il ne connaît pas la « transparence psychique » dans laquelle se trouve une mère pendant la grossesse et après l'accouchement, cet état d'abaissement des défenses qui la rend particulièrement fragile et perméable. Même si un père peut être très ébranlé par son nouveau statut, il ne l'est pas de la même façon.

Le père a un rôle de catalyseur, puis de libérateur : s'il joue bien son rôle, il aide à la séparation mère-enfant qui est nécessaire pour que ne s'instaure pas la dévoration mutuelle. Fort du rôle de protecteur de sa compagne, dont il aura à contenir les angoisses, et de sa fonction de tiers, il va donc défendre la mère contre l'obligation d'être continuellement au service de son bébé en la désirant et en la rendant désirante de lui. Réussira-t-il progressivement à faire rêver sa compagne d'un autre que son bébé, d'un ailleurs ? Peu à peu, cette distanciation, créée par son désir de femme, aidera la mère à se sentir moins envahie par son bébé et ce qu'elle aura projeté sur lui : elle sera de moins en moins à portée de son désir. Grâce à l'introduction du père comme tiers dans la relation mère-bébé, les premiers liens si forts, entachés par les projections maternelles, seront moins intenses, moins violents, moins passionnels, plus modérés. Et le père, vécu comme tiers séparateur si sa femme l'y autorise, aidera le petit enfant à sortir peu à peu de sa dépendance à sa mère toute-puissante, voire menaçante.

C'est pourquoi les pères se sentent moins dévorés. Je me souviens de la manière très drôle dont un père l'exprimait en m'expliquant que, lorsqu'il gardait ses enfants, il n'avait aucun problème avec eux tandis que son épouse se plaignait, elle, de ne pas y arriver : « Avec moi, ils sont blancs et avec leur mère, ils sont noirs ! » Ce couple était mixte : le père de couleur et sa femme blanche.

Est-ce parce qu'ils fixent mieux les limites et les font respecter jusqu'au bout, et que leur enfant le sait ? Parce que le ton de voix grave, posé et ferme qu'ils adoptent accentue leur autorité ? Est-ce parce que, moins présents, ils ont plus de poids quand ils sont là ? Est-ce aussi qu'ils seraient plus calmes parce qu'ils n'assument pas leurs enfants sur de longues durées ? Leurs femmes ont beau jeu d'expliquer qu'elles, elles vivent leur présence au quotidien et non un jour, une demi-journée ou quelques heures par semaine. Les pères, beaucoup moins submergés par le partage des tâches matérielles (quelques minutes de partage des tâches de plus, en vingt ans, quel progrès[1] !), jouent plus volontiers avec leurs enfants – certains vont jusqu'à considérer que c'est leur rôle. Ne sont-ils pas plus disponibles dans leur tête ?

Mais il est des foyers où les pères ne jouent même pas avec leur enfant : cela me rappelle un dessin humoristique montrant un enfant qui cherchait désespérément « un papa joueur ». Ils préfèrent s'occuper à des jeux en solitaire, avec leur boîte à outils ou devant leur écran. Pour fuir la relation et s'isoler de l'ambiance familiale et de ses conflits inévitables, c'est une recette encore plus efficace que celle de se plonger dans le journal car, là, leur enfant risque de venir leur sauter dessus et compromettre leur tranquillité.

« Quelquefois, on joue avec mon papa, puis il reprend son journal et on n'a pas eu le temps de faire le jeu », me confie Emma, cinq ans, tandis que Tom, qui a le même âge, me dit avec beaucoup de tristesse : « Je croyais que mon papa il m'aimait pas parce qu'il lisait trop son journal. » Ou cette petite fille de cinq ans qui demandait à sa mère : « Mon papa, c'est un papa ou un chauffeur ? »

Les hommes se sentent-ils aussi coupables que leurs femmes quand ils ne sont pas disponibles à leur enfant ?

« Il n'éprouve pas de culpabilité, ne se précipite pas le soir pour un dernier baiser... il ne ressent pas le manque qui parfois la conduit, elle, à l'asphyxie... Il n'a pas envie de leur donner à manger, ni de les laver, ni de les enduire de crème après le bain. Quand elles [ses filles] sont malades, il peut dormir tranquillement sans se soucier d'une fièvre qui

1. Selon une enquête réalisée par le CNRS sur 1 000 personnes, et une enquête « Emploi du temps » de l'Insee (99-00), publiées dans *Le Monde* du 27 mai 2000, le temps consacré chaque jour par les hommes aux tâches domestiques n'a progressé en moyenne, de 1985 à 1998, que de 10 minutes ; 80 % du fardeau domestique revient encore aux femmes et les mères consacrent deux fois plus de temps à leurs enfants que les pères.

grimpe. Il peut s'agacer d'une toux qui ne cesse de déranger son sommeil[1]. »

« Je me sens mal quand je ne suis pas disponible pour eux alors que leur père les envoie balader sans culpabiliser ! »

Il est évident que, lorsqu'on dit les choses sans culpabilité, elles passent mieux, car l'enfant ne peut s'introduire dans les mailles de cette culpabilité. Cela permet aux pères d'avoir plus de poids et d'être, dans la maison, les représentants de l'autorité. Même s'ils sont de plus en plus nombreux aujourd'hui à refuser ce rôle : ayant eu des pères très sévères, ils ne veulent surtout pas leur ressembler et arborent avec fierté leur permissivité.

Les mères se plaignent, entre autres, d'être dévorées par tout le quotidien des enfants à gérer, leurs appels au travail, les gardes quand ils sont malades, les détails pratiques : « Tout ce qui me prend la tête ou met sur les nerfs, c'est pour moi. L'inscription à l'école, les rendez-vous chez l'orthophoniste, les vaccins, tout ça, mon mari ne s'en préoccupe pas beaucoup. »

Une autre mère de constater : « La disparité, elle est surtout sur les détails pratiques. Penser au goûter d'anniversaire, acheter les vêtements, remplir le réfrigérateur, c'est moi[2]. »

Cependant, les pères sont de plus en plus nombreux à se sentir concernés par leurs enfants et impliqués dans les soins, l'attention, la tendresse et les loisirs partagés avec eux. Apparaissent des pères quelquefois plus maternants que leurs femmes et heureux de l'être, et des femmes qui laissent leur compagnon assurer une grande partie du quotidien. Je vois aussi des papas-poules qui s'emparent du rôle de la mère : celle-ci se sent alors dépossédée de son enfant et en

1. *Ibid.*, p. 93.
2. *Le Monde* du 27 mai 2000.

souffre ; et des pères qui jouent le rôle de mères parce que leur femme ne l'est pas assez, à leur avis. Ces papas-poules se laisseraient plus facilement dévorer.

Certaines mères reconnaissent avoir du mal à déléguer, veulent garder la maîtrise du quotidien de leur enfant. Elles ne font pas confiance à leur compagnon : « Le quotidien avec les enfants, ça n'intéresse pas les pères. » Et de nombreux pères me disent avoir démissionné en raison du manque de confiance de leur femme et de ses critiques permanentes dès qu'ils s'occupaient des enfants : « Ma femme veut que je participe plus avec les enfants, mais si je le fais, c'est pas comme ça qu'il faut faire. Elle reprend ce que je viens de faire ; alors pour ne pas avoir de conflits, je m'écrase ».

Aujourd'hui, dans cette période de mutation de la société, affleurent de nouveaux comportements, de nouveaux modes de répartition des rôles dans l'éducation des enfants. Plusieurs facteurs me paraissent importants à souligner :

– la recherche d'un meilleur équilibre entre temps de travail et temps privé : un père qui rentre très tard le soir et n'est jamais là n'est plus valorisé comme avant, on le stigmatise comme ne faisant aucun effort pour moins travailler ou rentrer plus tôt ; ce n'est plus le héros fatigué, auréolé de gloire, mais un pauvre type qui n'a le temps de profiter de rien et qui en est responsable ;

– la dévalorisation du travail qui n'est plus l'unique référence : ce qui est essentiel, c'est le partage du temps en famille, la quête d'instants vécus ensemble ;

– le changement de nature de l'autorité : ce n'est plus une autorité arbitrairement imposée, mais plutôt une autorité d'accompagnement qui nécessite de passer du temps ensemble ;

– l'évolution du rôle des pères : avant, quand ils rentraient, ils grondaient, mais partageaient peu de tendresse (ils touchaient peu leurs enfants) ou de plaisir avec leurs enfants.

Ils n'étaient qu'autorité. Ils n'étaient que des pères fouettards, chargés de sanctionner les bêtises de la journée ;

– la réflexion paternelle : toute une génération de pères a beaucoup travaillé pour se faire une situation et a peu vu ses enfants. En milieu de vie, ils se rendent compte, avec amertume, qu'ils n'ont pas vu grandir les leurs. Quand il leur arrive de fonder un nouveau foyer, ils partagent beaucoup de choses avec les enfants de leur deuxième union et se laissent dévorer par eux avec délectation. Certains reconnaissent changer les couches (après être allés les acheter eux-mêmes !) alors qu'ils ne l'avaient jamais fait pour les enfants de leur premier lit. Leur nouvel investissement est peut-être dû à leur culpabilité, mais peut-être aussi à leur situation professionnelle assurée qui les sécurise.

Mais dans de nombreux cas encore, les pères sont absents : ils sont partis de la maison dès la naissance de leur enfant, quelquefois avant, ou bien ils sont tellement accaparés par leur activité professionnelle qu'ils sont, la plupart du temps, indisponibles. L'enfant soit s'accroche à ce père invisible et ne le lâche plus tant qu'il est là, soit l'ignore et même le repousse : il ne supporte pas ce rival qui vient tout d'un coup lui prendre sa mère qu'il a l'habitude d'avoir pour lui.

Des pères peuvent être très présents, mais absents psychiquement parce qu'ils sont au chômage. Cette situation est rarement explicitée à l'enfant qui ne peut comprendre pourquoi règne une ambiance aussi lourde à la maison : le père qui jouait avec lui, non seulement ne le fait plus, mais est de plus en plus irascible. Ses deux parents ne sont plus comme avant et l'enfant s'en croit responsable. Aussi est-il indispensable d'expliquer à son enfant ce qui arrive, que ça n'est pas à cause de lui et que cela va s'arranger. Déchargé de cette culpabilité, il accaparera moins ses parents en attendant que la tempête passe. Combien de symptômes ai-je vu disparaître quand les parents ont tout simplement expliqué à leur enfant la situation de chômage du père !

Les pères interviendraient, non par souci éducatif, mais seulement lorsque leur enfant les dérangerait. Ils laissent faire, semblent dans leur bulle, puis, tout d'un coup, interviennent brusquement devant des enfants déroutés et une mère interloquée, pas toujours d'accord sur la brutalité de l'intervention.

Les pères diraient non pour des choses sans importance, mais ne mettraient pas leur veto pour les choses importantes. On voit là la relativité des exigences parentales qui ne mettent pas forcément les valeurs éducatives aux mêmes endroits. L'enfant se construira sur ces écarts plus ou moins grands entre ses parents.

Les pères parlent rarement de se sacrifier pour leurs enfants et, si c'est le cas, ils essaient rapidement d'y mettre fin.

Voyons maintenant comment les parents, plus ou moins dévorés, vont réagir avec leurs enfants.

2

Comment répond le parent excédé

« Un enfant, ce n'est pas un objet qu'on tortille au gré de ses rugissements », disait un père. La fonction de parents consiste à accompagner ses enfants, expliquer, sécuriser, rassurer, parler, donner un cadre avec des contraintes et des limites à respecter, à les aider à accepter le principe de réalité, la vie et ses inéluctables frustrations et à renoncer à la toute-puissance magique de leurs désirs. En bref, à les habituer à la vie.

Mais comment va-t-on répondre à ses enfants, réagir quand le message qu'on transmet n'est pas entendu, que les limites et valeurs qu'on prône ne sont pas respectées, quand on a envie de ne plus être dérangé et de faire une pause, quand ça se passe mal et qu'on se rend compte qu'on n'a ni les mêmes envies ni les mêmes priorités ? Bref, comment fait-on quand on se sent dévoré, quand on n'y arrive plus et qu'on a l'impression d'y perdre ses repères, voire son identité ? Quand on perd son calme, qu'on « pète les plombs » ?

Voyons les différentes manières de réagir qui sont fonction de son état du moment, de l'image de soi qu'on veut donner à ses enfants et de ce qu'on a soi-même vécu et qu'on cherche à répéter ou, surtout, à ne pas répéter.

Céder

□ Éviter le conflit

« Je la laisse faire pour avoir la paix », dit le père d'une petite fille de dix-sept mois.

« Je lui cède facilement car elle réclame beaucoup », avoue la maman de Léa, deux ans et demi.

« Comme je ne l'ai pas de la journée, je lui cède plus à la sortie de l'école », confie la mère d'une petite fille de trois ans.

Éviter le conflit, dire oui, laisser faire, « baisser les bras », démissionner parce qu'on a envie que tout se passe bien. On n'a pas le courage ni la force de se battre, d'affronter ses enfants, on a envie que « tout baigne », que notre famille nous renvoie, ainsi qu'aux autres, l'image d'une famille bien huilée où rien ne grippe, où règnent calme et harmonie.

Notre société, il est vrai, nous berce dans ce mythe de l'harmonie familiale en véhiculant l'idée que le conflit est forcément négatif, anormal ou inquiétant. On sait qu'il ne peut y avoir d'éducation sans conflits. La vie de famille est inévitablement et normalement ponctuée de tensions et de détentes, de disputes et de réconciliations, d'amour et de haine, d'ombres et de lumières. Le conflit signe la vie, le positionnement des membres d'une même famille et l'affirmation de leurs différences. On ne peut faire l'économie des conflits, sinon ce besoin de s'affirmer et de s'affronter sera étouffé au risque d'une violence que l'enfant retournera contre lui-même ou déplacera, en dehors de la famille, loin de ses proches, dans la rue ou ailleurs, ce qui favorisera des conduites à risque.

□ Craindre sa propre violence

« Je préfère lâcher que de lui taper dessus et de péter les plombs », confie la mère de Claire, quatre ans.

Souvent, les parents ont peur de ne plus se contrôler, de céder à leur agressivité. L'affrontement avec leurs propres pulsions leur fait peur. « Quel est ce monstre de violence qui sort de moi ? Jusqu'où vais-je aller ? » Alors, pour éviter de se confronter à tout ce qui gronde et dérange à ce moment-là au fond de soi, on renonce à imposer ce qu'on vient de demander.

Des parents viennent parfois consulter, honteux et effrayés par la violence qu'ils sentent monter en eux. Pourront-ils toujours la contrôler et l'enrayer ? Je pense à cette mère qui me disait avoir été sur le point, lorsque sa fille s'est opposée à elle et s'est roulée par terre, de lui envoyer des coups de pied. Elle a décidé de consulter et de se faire aider pour faire face à ces manifestations de violence qu'elle a senties monter en elle, malgré elle, pour la première fois.

□ Ne pas perdre de temps

« Je fais à leur place pour aller plus vite. » La plupart des parents passent si peu de temps avec leurs enfants qu'ils ne veulent pas ternir leurs retrouvailles par des conflits à n'en plus finir. Autant le faire soi-même, à quoi bon se battre, aller au-devant de conflits qui risquent de dégénérer ? Et puis, on n'a pas le temps, ça va plus vite que de demander. Souvent, l'argument « c'est mieux fait » compte également pour faire à la place de son enfant.

Ce n'est qu'une rationalisation qui cautionne un comportement. Pourtant, la perte de temps dans l'immédiat est un gain de temps pour l'avenir et un gain d'assurance pour son propre enfant : si on fait à sa place ce qu'il est capable de faire, on ne contribue guère au renforcement de son estime, on agit comme s'il n'était pas capable de le faire lui-même.

□ Douter de soi

« Est-ce vraiment si important ce que je viens de demander à mon enfant ? » « Mon enfant n'a-t-il pas raison ? C'est vrai que je ne suis pas drôle, à peine suis-je rentré du travail que déjà je l'embête ! Je crie, je rouspète, je le harcèle. »

Si un parent s'interroge sur le bien-fondé de ce qu'il est en train d'imposer à son enfant, il risque d'y renoncer à la moindre contestation de ce dernier.

Je me souviens de cette mère, veuve, qui élevait seule son fils : elle avait interrompu ses séances avec moi disant que ça la fragilisait trop dans sa fonction de parent seul. Comme elle se posait maintenant plus de questions, elle avait aussi plus de mal à asseoir son autorité.

□ Se sentir coupable

« Je ne les vois déjà pas beaucoup, alors je tiens à ce que ça se passe bien quand on est ensemble. »

Faut-il supprimer ce qui est éducatif parce qu'on ne se voit pas ?

On ne peut supprimer la culpabilité qui taraude plus ou moins tout parent en fonction de son histoire et de l'histoire de son enfant : elle s'engouffre partout, elle malmène, elle érode. Nos enfants savent admirablement la repérer et l'utiliser pour arriver à leurs fins. Ils nous mènent par le bout du nez en surfant sur la crête des vagues plus ou moins grosses de la culpabilisation.

□ Céder à la fatigue

« La fatigue est comme une mauvaise mère, comme une mère qui ne se lève plus la nuit pour nous réjouir de sa voix, pour nous combler de ses bras[1]. »

La fatigue diminue notre seuil de tolérance à la dévoration : alors nous trouvons que nos enfants dérapent, qu'on ne peut laisser passer. Mais n'est-ce pas plutôt nous-mêmes qui dérapons ? N'est-ce pas leur vie, leur appétit de vivre qu'il nous est pénible de satisfaire quand nous sommes épuisés ?

Mais comment faire autrement ? La fatigue, c'est comme une porte que le parent referme sur son enfant : je ne suis pas disponible, je ne peux rien faire pour l'instant. Il se protège à l'avance de tout ce qu'il pourrait lui demander. C'est une manière de dire « Laisse-moi tranquille ! », d'opposer une fin de non-recevoir sans trop de culpabilité : « Il est normal que je ne puisse donner puisque je suis fatigué. » Qui n'a jamais entendu cette phrase : « Laisse ton père, tu vois bien qu'il est fatigué » ? Et combien d'enfants nous confient que leurs parents ou l'un de leurs parents est toujours fatigué ?

La fatigue, ça pétrifie un enfant, ça l'immobilise ou, au contraire, ça accroît son agitation ou ses demandes. Tous les parents savent que c'est précisément le soir où ils n'en peuvent plus, où ils ont de gros soucis, que les enfants vont être particulièrement « insupportables » et énervés. Le tout jeune enfant, centré sur lui-même et les satisfactions immédiates de ses désirs, ne peut se mettre à la place de l'autre, en l'occurrence son parent, et paraît donc impitoyable.

« J'en ai marre, j'ai déjà géré des situations difficiles au

1. Christian Bobin, cité par Jean-Bertrand Pontalis, in *En marge des jours*, Gallimard, 2002.

travail, je suis épuisé, ça ne va pas recommencer ici aussi... C'est épuisant de se battre tout le temps et sur tous les fronts, tant pis ! »

Inutile d'invoquer la fatigue et les soucis du travail, on peut aussi être à bout tout en restant à la maison : « Elle veut sa tétine tout le temps, je lui donne car j'en peux plus. Elle va me tarabuster sans relâche pendant dix minutes, j'en peux plus nerveusement alors je lui file sa bouteille. Je recherche la paix, elle me met à bout, elle m'enquiquine, elle pique des crises, elle se jette par terre », confie la mère d'une petite fille de trois ans, qui n'a pas repris son activité professionnelle.

□ Être copains

Partager les mêmes intérêts et activités, se montrer complices, abolir les différences, c'est dénier la différence des générations. Certains parents préfèrent se laisser appeler par leurs prénoms que papa ou maman : cela revient à abraser les différences et à supprimer la relation d'autorité pour éviter tout conflit.

Laisser faire, puis réagir très fort

« Je ne tolère plus, car je n'ai pas mis la limite avant. » « Je laisse faire et après je réagis trop brutalement, j'explose. Les enfants comprennent d'autant moins mon explosion que j'ai laissé faire pendant un certain temps sans intervenir. J'ai permis et je ne permets plus. N'est-ce pas contradictoire ? Comment nos enfants s'y retrouvent-ils ? »

Ces attitudes permissives conduisent le parent à devoir intervenir. L'enfant est perdu face à ces positions incohérentes. Il pouvait faire et maintenant il ne le peut plus car ça dérange ! L'interdit est mis non par rapport à une valeur à laquelle se réfère l'adulte, mais en fonction de son état de saturation.

Une petite fille de quatorze mois est en consultation dans mon bureau avec ses deux parents parce qu'elle se réveille souvent la nuit. Elle touche à une prise électrique. Son père lui dit « non » sans fermeté. La petite fille réitère son geste plusieurs fois sans que son père intervienne. Et puis, au bout d'un certain temps, il explose : « Mais elle va me tuer ! » Les limites n'ayant pas été fermement données, ce père est obligé de devenir agressif pour se faire entendre. Et il nous prend à témoins sans s'adresser directement à sa fille, ce qui rend sa parole plus cinglante.

Les parents interviennent aussi brutalement quand le jeu de leurs enfants monte progressivement en excitation et qu'ils craignent que cela ne dégénère. Au début, ils sont séduits de voir leurs enfants jouer, s'amuser, de les entendre rire puis, à un moment précis, arbitrairement, ils ne le supportent plus.

Prenons l'exemple d'enfants qui construisent, dans le salon, une cabane avec des coussins, des foulards, une nappe, des chaises. Au bout d'un moment, alors qu'on a laissé faire jusque-là et qu'on était même ravi qu'ils s'amusent autant, on sent que quelque chose monte, que c'en est trop : « Ça m'envahit, je me sens menacé, faut que ça s'arrête tout de suite. Tout à coup, ça suffit, je sens que je suis en train de m'énerver, que je me laisse déborder et on ne va plus m'entendre. » Est-ce l'excitation qui commence à se mêler aux rires et dont on sait qu'elle pourrait mal finir, est-ce le désordre qu'on voit dans le salon qu'on ne supporte plus au bout d'un moment ? Est-ce l'anticipation de l'autorité dont il va falloir user pour tout remettre en ordre ? Est-on préoccupé par d'autres choses qui rendent tout à coup notre tolérance moins grande ce jour-là ?

Il arrive que les parents ne réagissent que parce que ça les dérange et non en fonction de ce que fait réellement l'enfant. Quand une mère me parle des conflits qu'elle a avec ses enfants, je lui demande ce que fait alors son conjoint s'il est présent. Souvent celui-ci n'intervient que si ça dégénère, c'est-à-dire quand ça le dérange, il ne se soucie pas d'aider sa femme et de renforcer son rôle éducatif envers leurs enfants. Me pardonneront ici, je l'espère, tous les pères qui, eux, s'impliquent avec leurs enfants et aident réellement leur femme à gérer au quotidien leur éducation.

Négocier

Qui ne connaît les affres de la négociation permanente ? Elle peut envahir le quotidien des parents qui n'ont plus d'autre moyen de pression.

L'enfant argumente tout le temps et reste campé sur ses positions. Il a appris à partager très tôt, de plus en plus tôt, le pouvoir avec ses parents et il arrive, quand ses parents lui demandent quelque chose, à obtenir une compensation. Dans ce marchandage permanent, les parents s'épuisent et y laissent des plumes : ils doivent tout le temps se justifier. Les négociations prenant du temps, ils y perdent en autorité. En s'expliquant, ils finissent par oublier ce qu'ils étaient venus demander. L'enfant n'est pas à sa place, il est un partenaire de l'adulte, sur un pied d'égalité ; et ce n'est guère rassurant pour lui de sentir avoir une puissance qu'il n'a pas en vérité, qui peut remettre en question le bien-fondé de ce que lui demandent ses parents.

La négociation permettant de faire l'économie du conflit direct, elle rassure le parent, même si elle l'use : moi, je discute avec mes enfants, je ne fais pas comme mon père avec lequel il n'y avait jamais de discussion possible.

Or, il est des choses qui ne se discutent pas, contrairement à ce que pensent certains parents. Dans un bateau, il n'y a qu'un capitaine. Le bateau ne peut avancer ni maintenir le cap si l'équipage conteste sans cesse ses décisions. Qu'il soit le seul à décider sécurise tout le monde.

Il est vrai que les livres de ces dernières décennies prônent le dialogue avec les enfants. Aussi, certains parents pensent qu'il faut parler pour tout, discuter à longueur de journée, donner des tonnes d'explications et de justifications. Certes, il faut expliquer certains événements familiaux, débattre avec eux de certains choix ou possibilités, éclaircir les raisons de telle contrainte, mais, au quotidien, il y a des actes inévitables qui ne prêtent pas à contestation et qu'il est bon d'imposer.

Crier

« Quand elle crie, elle voit l'air qui tremble autour de leurs joues. Elle voit leurs yeux ronds tellement saisis qu'ils formeraient des angles et elle entend leur peur qui la supplie de se taire. Elle peut crier pour mille raisons différentes. Le plus souvent, elle s'en rend bien compte, ce n'est pas à cause de ses enfants mais de sa fatigue, de ses déconvenues professionnelles, de son corps trop lourd, d'une dispute qui vient de la secouer, d'une déception. Et puis, parfois, les causes se dissolvent, deviennent plus vagues, plus diffuses. Pendant qu'elle crie, des souvenirs, des frustrations, des blessures jamais recousues l'assaillent. Alors elle sait que ces cris sont des liens avec des profondeurs noires où ses enfants n'existent pas[1]. »

Ce texte de Nathalie Azoulai décrit admirablement la peur des enfants face aux cris de ceux qui comptent le plus pour

1. Nathalie Azoulai, *op. cit.*, p. 45.

eux, leurs parents, et la spirale des cris induite plus souvent par la situation insatisfaisante dans laquelle se trouve l'adulte à ce moment-là, de tout ce qui peut remonter des abysses de son histoire et qui lui fera moins bien supporter une frustration ou une contrariété de plus. Écoutons cette mère qui décrit, elle aussi, cette spirale : « Il y a quelque chose qui me submerge, que je n'arrive plus à contrôler, ça me fait peur comme une vague qui remonte, qui me fait suffoquer, je ne vais pas y arriver, alors je m'énerve et je crie. »

Qu'est-ce qui déclenche les cris ? Il y a ce qui énervera l'un, mais pas l'autre parent : pour telle mère, bien se tenir à table est primordial ; pour le père, ça n'est pas dans ses exigences, aussi gardera-t-il son calme, au risque de paraître laxiste. Chez la même personne, la même situation pourra ou non entraîner les cris, selon les circonstances. Je pense à cette maman très ambivalente, qui est tantôt très aimante, tantôt très rejetante avec son fils de trois ans, qu'elle élève seule. Elle reconnaît clairement que ça se passe mal quand elle a plus envie d'être une femme qu'une mère, quand elle doit s'occuper de son fils alors qu'elle a tellement envie de mener sa vie de femme et d'être ailleurs.

On voit à travers maints témoignages combien il est difficile de garder son calme et comment certains parents sont conscients de cette spirale interactionnelle de cris dans laquelle ils sont emportés, souvent à regret, du moins après coup : « Je crie beaucoup, mais je suis une maman poule, ce sont mes petits poussins. »

« Elle est debout à sept heures du matin. Le soir, elle ne débranche pas. Elle est tout le temps sur piles. Elle est branchée à trois cent mille volts. On crie tout le temps, c'est pas normal, on hurle tout le temps, mais on ne veut pas taper. Si on est trop conciliant, on se fait manger, si on est trop agressif, on est à la limite de la maltraitance. »

« Chez nous, c'est vrai, ça crie tout le temps ! (...) »

« Comment je leur parle, je leur aboie dessus, c'est horrible ! Est-ce que ça méritait que je m'emporte comme ça ? Alors je culpabilise. »

« Je sais que ma colère vient d'ailleurs et pas de l'eau mise dans la salle de bains ! »

Il est vrai que crier sur leurs enfants est le lot de la plupart des parents. Nous chargeons nos enfants de tant d'espoirs, de tant d'exigences par rapport au brouillon de notre enfance, nous avons tellement envie qu'ils nous apportent de la réussite, de l'obéissance pour flatter notre narcissisme et nous renvoyer une image de parents suffisamment bons. Nous avons tous expérimenté cela : si l'on fait faire les devoirs à un enfant qui n'est pas le nôtre, on ne crie pas, même s'il fait de grosses erreurs, on reste d'un calme et d'une patience étonnants. Alors que, si nous aidons l'un de nos enfants pour ses devoirs, nous nous emportons à la moindre erreur. C'est que notre narcissisme est alors entamé ! Et parfois, lorsqu'un de nos enfants dit : « Maman, pourquoi tu cries comme ça ? » ou « J'aime pas quand tu t'énerves », nous restons interloqués et la spirale des cris peut en être sur-le-champ désamorcée. Nous regardons alors ailleurs, loin à l'horizon de notre histoire, pour tenter d'y découvrir les vraies raisons de notre emportement et d'en affranchir notre enfant.

Faire taire

□ La télé, le magnétoscope, la Game-Boy, l'ordinateur

Grâce aux nounous cathodiques et informatiques, à domicile, vingt-quatre heures sur vingt-quatre, les parents peuvent relâcher leur surveillance : se préparer tranquillement, être sûrs que leur enfant ne fera pas de bêtises, aspiré qu'il est par les écrans et leurs images. La télévision, les cassettes, la vidéo, les ordinateurs ne sont-ils pas les moyens utilisés par les parents d'aujourd'hui quand ils se sentent dévorés, qu'ils n'en peuvent plus et qu'ils ont envie de souffler ?

« Ils sont scotchés à la télévision, on n'arrive pas à les en décoller... » Mais ne sommes-nous pas responsables de ce scotchage de nos enfants devant le petit écran et les écrans ? C'est nous qui permettons ou interdisons, c'est nous qui introduisons les écrans au foyer, c'est nous qui les poussons à les utiliser quand ça nous arrange. Et on voudrait qu'ils n'y aient plus recours quand ça nous dérange, qu'ils ne font plus que ça ou qu'ils rechignent à faire d'autres choses ! Nos enfants ne sont en rien responsables de cette accoutumance à la télé, aux Playstation ou aux Game-Boy. C'est nous qui achetons (et ça coûte fort cher) et autorisons. Nos enfants s'y engouffrent avec nos deniers, notre accord et notre bénédiction. Et nous leur demandons ensuite de gérer, de savoir arrêter ce plaisir à portée de mains et d'yeux.

« J'ai offert une Game-Boy à mon fils (cinq ans !), ça va lui permettre de jouer tout seul et de me laisser respirer », dit ce père spontanément et ouvertement. Combien de parents pensent la même chose !

□ La tétine

Dès que le bébé gémit un peu ou crie, que l'enfant fait du bruit ou réclame, qu'il semble fatigué, on lui enfourne la tétine [1].

Il paraît, en effet, parfois utile de la donner si on est exaspéré, qu'on ne supporte plus les cris, les pleurs ou les demandes itératives de son enfant. La tétine-bouchon est

1. Aux États-Unis, la tétine se dénomme *pacifier* ou pacificateur. En Grande-Bretagne, c'est un *dummy*, fac-similé du sein et, en même temps, cela signifie : un idiot, un sot.

alors une réponse facile et rapide apportée par l'adulte. Tout le monde se calme, l'enfant d'abord et le parent qui, ayant peur de ses propres réactions, n'a plus besoin de maîtriser ce qui bouillonne au fond de lui. Tout le monde est satisfait. Mais ce n'est qu'une apparence. Pourquoi ?

– En clouant ainsi le bec à son enfant, on court-circuite la relation, on l'empêche de babiller, d'appeler ou de pleurer, on ne lui donne pas la possibilité d'exprimer une demande, son malaise, sa fatigue, on bloque ce qu'il cherche à dire.

– Par ce moyen, l'enfant ne peut trouver les moyens de s'apaiser par lui-même, il n'est pas actif par rapport à ses difficultés et risquera d'adopter plus tard la même conduite de passivité devant d'autres difficultés.

– L'adulte n'a pas confiance en lui pour consoler son enfant : « Cela ne m'arrive jamais d'oublier sa tétine, j'aurais trop peur de ne pas y arriver sans. Elle me rassure au cas où », nous confie la maman de Claire qui a deux ans. Le calme revient sans doute quand la tétine est donnée, mais au prix d'une baisse considérable de l'estime de soi qu'a l'adulte en tant que parent. Quelquefois, quand la tétine ne suffit plus, tout le monde se demande à quel saint (sein) se vouer !

La tétine, de plus en plus sophistiquée, est-elle une mode ? Elle fait partie de la panoplie d'objets indispensables pour se sentir un bon parent ou un bon enfant. Est-elle un indice du taux d'exaspération d'une société par rapport à ses enfants ? Traduit-elle la difficulté de plus en plus grande à apaiser ses enfants ? Elle est devenue un objet de consommation supplémentaire dont les industriels se sont emparés et un incontournable quand on ne sait plus quoi faire avec son bébé ou son enfant qui crie. Les parents seraient-ils à ce point démunis pour apaiser ou consoler leur enfant ? Il y a de quoi s'interroger quand on constate la multiplicité des tétines (parfois jusqu'à dix, au cas où) dans certains foyers ! Qui a besoin d'être rassuré, nos enfants ou nous-mêmes ?

Se taire

Les parents n'adressent plus la parole à leur enfant pendant un laps de temps variable qui peut aller jusqu'à plusieurs jours. L'enfant ignoré se sent alors délaissé et abandonné. Bien sûr, on ne touche pas son enfant physiquement, mais on le touche psychiquement par la violence de son mutisme.

Ce n'est pas comme le *timing-out*, ou la mise à l'écart transitoire, cet isolement imposé parce que les parents n'arrivent plus à communiquer avec leur enfant ou à se faire entendre et écouter : « Tu as le droit d'être fâché, moi je ne suis pas fâché, on n'arrive plus à s'entendre ni à se parler et quand ça ira mieux, que tu ne seras plus en colère, tu reviendras. » Dans le *timing-out*, c'est l'enfant qui décide quand il revient, quand il a envie de reprendre la communication, et non le parent. Le parent reste ferme sur ses positions tout en reconnaissant à son enfant le droit de s'opposer ou d'être en colère.

Enfermer

« Elle s'oppose toute la journée, on est tout le temps dans le conflit. Quand je n'en peux plus, je l'enferme dans sa chambre. C'est une lutte, c'est épuisant. »

« Quand j'en ai ras le bol, je les enferme dans leur chambre. »

L'enfant peut être mis aussi sur le palier pendant plusieurs heures : « Je le mets sur le palier quand il me pousse à bout. » Ce petit garçon n'a que deux ans !

L'enfant est exclu momentanément du groupe familial, de la pièce, avec la violence de l'enfermement. Le parent décide de la durée de cet enfermement. À un comportement qu'il ressent comme violent puisqu'impossible à canaliser, il répond par une conduite violente elle aussi.

L'enfermement est une contention qu'on obtient non par la parole ou par la force physique, mais en verrouillant une ouverture : c'est une fermeture dans tous les sens du terme qui peut être très angoissante pour un petit enfant et qui ne fait qu'accroître sa rage et le conduire à des réactions de désespoir et de panique.

Culpabiliser

□ Culpabiliser son enfant

La culpabilisation est peut-être l'arme la plus couramment utilisée dans les relations humaines et notamment dans la relation parents-enfants : « Il va me faire crever... » « Tu vas me tuer ! » « Tu me fais mal... » « Tu me rends malade ! » « Tu me fatigues ! » L'enfant prend ce qu'on lui dit à la lettre et croit vraiment qu'il nous tue, qu'il nous rend malade ou qu'il nous fatigue. Il se sent vraiment responsable de ce qu'il fait à ses parents. Et si, par malchance, cela advient dans la réalité, on imagine sans peine les dégâts psychologiques chez l'enfant. Raison de plus pour faire attention aux expressions qu'on emploie pour exprimer qu'on n'en peut plus.

« Sois gentil, je suis fatigué ! » L'injonction, pour être moins directe, est ici double : d'abord l'enfant ne doit rien demander pour ne pas accroître la fatigue de son parent, au risque de le faire tomber malade, peut-être même mourir ; et s'il le fait, il est assimilé aux méchants. C'est un coup d'arrêt à ses demandes. Le « Je suis fatigué » est une façon assez perverse d'opposer une fin de non-recevoir, une manière de dire indirectement qu'on n'a pas envie, qu'on n'est pas disponible et qu'on a, en plus, de bonnes excuses.

Le chantage affectif, avec des expressions comme « Fais-moi plaisir », « Sois gentil », est souvent utilisé. C'est mettre l'enfant dans l'obligation de renoncer à ses propres désirs, de ne pas faire de vagues, mais aussi dans l'illusion que le plaisir de l'adulte dépend de lui. « Ne sois pas capricieuse, ça me fait du chagrin » : l'enfant acquiert le pouvoir de rendre l'adulte triste avec un simple caprice. Si les adultes se montrent bien fragiles, les enfants sont eux tout-puissants !

□ Se culpabiliser

« Quand, je suis au travail, je pense à mes enfants et quand je suis avec mes enfants, je pense à mon travail. »

« (...) deux lois incompatibles peuvent s'affronter, la loi ancienne, traditionnelle – souvent méconnue parce que l'on croit l'avoir dépassée : "il faut rester à la maison pour les enfants" –, et la loi actuelle, incontournable parce que distillée tout au long de l'enfance par la société : "Je dois travailler pour être autonome, pour m'épanouir et me réaliser." Comme il est impossible de respecter simultanément ces deux lois, la mère se sent toujours coupable d'une manière ou d'une autre. Toutes coupables [1]. » C'est pourquoi tant de jeunes mères abandonnent leur emploi ou bien travaillent à temps partiel, toujours à la recherche de la performance maximale à la maison. D'où, dans tous les cas, le surmenage et l'insatisfaction [2].

Les mères se sentent coupables de n'être jamais assez aimantes, disponibles, généreuses, joueuses, calmes, mais

1. Martine Tartour, *Toutes coupables*, JC Lattès, 1991.
2. Catherine Serrurier, *Ces femmes qui en font trop*, La Martinière, 2002.

énervées, débordées, fatiguées, attirées parfois par autre chose que leurs enfants :

« C'est dur d'être exaspérée. Il y a toujours une culpabilisation. J'aimerais m'occuper d'eux mais je ne pourrais pas faire que ça ! » me confie une mère de deux petits enfants.

« Être mère à plein temps, je ne tiens pas longtemps. »

« C'est joli l'heure des mamans à 16 h 30 ! Mais tous les jours, pendant des années, ça devient pesant ! »

Il est culpabilisant pour les mères d'en avoir parfois assez de s'occuper de leurs enfants à la sortie de l'école, le mercredi, pendant le week-end ou les vacances ; de trouver la journée du mercredi longue ou épuisante et d'être contentes de reprendre le travail le lendemain avec l'impression de s'y reposer ou de n'être pas sollicitées de la même façon. Certaines ont l'impression de mener une double vie : celle avec leurs enfants, ponctuée par leurs demandes répétitives et les « Regarde, maman ! », et celle où elles bavardent avec une copine, vont prendre un café, travailler, plaisanter avec leurs collègues.

Et quand on se sent trop coupable, on essaie de se racheter en offrant plein de cadeaux ou en évitant la frustration. On va même jusqu'à devancer les désirs de l'enfant.

Si je ne parle pas des pères, c'est que je les entends moins s'exprimer sur le sujet. Il m'est arrivé, cependant, de les entendre manifester leur exaspération lorsqu'ils doivent s'occuper de leurs enfants. Souvent ils sont « de garde » le samedi matin : soit ils sont ravis de partager ce temps avec leurs enfants, soit ils sont vite exaspérés et attendent la relève avec impatience. Mais il y aura égalité entre les pères et les mères le jour où les pères se sentiront eux aussi coupables de ne pas pouvoir être avec leurs enfants le mercredi [1].

1. Il est encourageant de voir que le passage aux trente-cinq heures pousse de plus en plus de parents, et notamment les pères, à être davantage avec leurs enfants, le mercredi ou une partie du mercredi.

Menacer

Les jeunes enfants prennent pour argent comptant les menaces qu'on profère à leur encontre. Ils sont dans la pensée magique, les paroles et pensées correspondent pour eux à la réalité : ce qu'un adulte prédit se réalisera, et d'autant plus si c'est l'un des parents qui le dit. Les enfants croient les adultes, surtout leurs parents, et il faudra parfois attendre l'adolescence pour qu'ils commencent à remettre en cause les propos parentaux.

Devant les menaces d'abandon telles que « Je vais te laisser... tu te débrouilleras tout seul... je vais partir... tu verras quand je ne serai plus là ! » qui alimentent les angoisses majeures de la petite enfance, l'enfant, démuni, recule rapidement :

« Quand j'en ai ras le bol, je pars et je leur dis : “Démerdez-vous !” » nous confie cette maman de trois jeunes enfants, qui s'exile dans une autre pièce ou part faire un tour (il y a une nounou à la maison). Une autre mère fait mine de s'en aller, mais s'arrête sur le palier.

« Si tu continues, maman va être malade, et tu ne la verras plus car elle ira à l'hôpital ! » dit une mère à son fils de trois ans. On connaît les conséquences désastreuses d'une telle menace si la mère tombe réellement malade : l'enfant s'en sentira directement responsable et sera alors accablé de culpabilité.

Il est évident que ces menaces de perte d'amour des parents ou d'abandon ont en général un effet magique, tant l'angoisse qu'elles suscitent est insoutenable pour un enfant. Quand on est trop exaspéré et qu'on se sent impuissant, ces chantages affectifs sont soit des armes efficaces puisque l'enfant cesse immédiatement d'être crampon, soit tellement angoissantes que, paniqué, il va au contraire se cramponner davantage à son parent dans son désir d'attirer encore plus son attention pour s'assurer qu'il reste là. Alors le sentiment de dévoration s'amplifie chez les parents.

Comparer

« Prends exemple sur ton frère. »

« Tu vas donner le mauvais exemple à ta petite sœur ! »

« Ton copain, lui, il ne dirait pas ça à sa mère ! »

La comparaison est aussi une arme efficace qui fait partie de la panoplie du parent excédé. Comparer le comportement de son enfant à celui d'un autre enfant avec lequel il est lié (frère, sœur, copain) et, éventuellement, en rivalité peut le faire céder plus rapidement.

Le parent peut aussi le comparer à lui-même, lorsqu'il était petit : jamais, il n'aurait fait ça à ses parents ou bien ses propres parents, eux, n'auraient jamais permis le dixième de ce comportement !

Reprendre son travail

Cette envie d'être ailleurs, au travail notamment, est souvent évoquée par les mères, non sans culpabilité :

« J'ai besoin de reprendre le travail car en ce moment, le monde d'adultes, c'est fini et ça me manque », dit la mère d'une petite fille de vingt mois.

« J'en ai ras le bol. Le mercredi, c'est l'horreur, entre les deux qui me sollicitent tout le temps ! »

« Le mercredi, je n'en peux plus, je suis sur les genoux, je suis contente de repartir travailler le jeudi. »

« Je suis moins fatiguée quand je travaille que lorsque je reste tout le mercredi à la maison avec les enfants. »

« Je passe le week-end à entendre leurs cris et ranger leurs jouets. »

« La parole des femmes est encore verrouillée sur la maternité. La disponibilité totale, la générosité, l'émerveillement permanent de la mère ne sont pas remis en question. Et peu de jeunes mères osent dire, alors qu'elles s'occupent de leur bébé, qu'elles auraient envie d'être ailleurs, au travail par exemple. C'est ingrat d'élever des enfants, il faut répéter la même chose cent fois par jour, dire non tout le temps, tenir bon. Le pire, c'est qu'on ne voit le résultat que trente ans plus tard[1]. »

La reprise de travail peut être vécue par l'enfant comme une forme d'abandon si la mère a laissé entendre qu'elle le faisait parce que son enfant était trop intenable : c'est alors une menace mise à exécution. L'enfant est laissé à d'autres bras parce qu'il est trop vilain. Il est évident que l'événement risque alors d'être très mal supporté par l'enfant. C'est comme s'il avait chassé sa mère de la maison, qu'elle lui préférait son travail. Quelle est cette entité « travail » qui donne du plaisir à maman et l'attire ? Comment un jeune enfant peut-il se représenter le travail de ses parents ? Une autre maison, une autre famille, une personne dénommée « travail », un mauvais génie tout-puissant que les parents vont retrouver tous les jours, qui non seulement les enlève à leurs enfants, mais en plus les épuise et les met de mauvaise humeur ?

1. Nathalie Azoulai, interview dans *Elle* du 13 mai 2002.

Déléguer

Déléguer c'est laisser à d'autres le soin de son ou ses enfants car on n'en peut plus, on a besoin de souffler, on a envie de faire autre chose.

Déléguer, c'est parfois demander aux plus grands de s'occuper des plus petits. On confie régulièrement le plus jeune à l'aîné, qui doit aller le chercher à l'école, lui faire faire ses devoirs, lui donner le bain, le faire manger, le garder le mercredi, le consoler la nuit... Je pense à cette petite fille de onze ans qu'aller chercher son petit frère à l'école terrifiait : « Qu'est-ce que je vais faire s'il fait une crise dans la rue ? » Étant donné sa rivalité avec lui, elle n'avait nullement envie de le prendre en charge, mais n'osait pas le dire à ses parents et, de toute façon, n'avait pas d'autorité sur lui. Je pense aussi à ce garçon qui devait consoler sa petite sœur lorsqu'elle hurlait la nuit, pour éviter de déranger ses parents. Quand les parents acceptèrent de consoler leur petite fille, celle-ci ne se réveilla plus, rassurée que tout le monde ait repris sa place. Quand les parents délèguent à l'aîné, cela les décharge, certes, mais souvent angoisse considérablement le « grand », obligé de jouer un rôle de parent alors qu'il n'en a ni l'âge ni la maturité. On connaît bien aujourd'hui les dégâts psychologiques chez les enfants ainsi « parentifiés ».

Dans notre société où les deux parents travaillent, on délègue de plus en plus l'éducation des tout-petits, souvent pour dix, douze, voire quatorze heures par jour. Quand la société mettra-t-elle en place des aides pour des gardes individualisées à domicile à partir d'un certain nombre d'heures passées loin de la maison ? Quand les employeurs permettront-ils des horaires plus flexibles pour faciliter la vie de famille et diminuer les temps de séparation ? Parfois, les parents, se reposant trop sur les structures de garde, accompagnent l'enfant trop tôt le matin et vont le chercher le plus tard possible alors qu'ils auraient le temps de s'en occuper davantage. J'entends des parents à la recherche d'un emploi dire ne pas pouvoir consacrer plus de temps à leur enfant, alors que, tout en préservant leur disponibilité, il leur serait possible d'écourter le temps de garde pour que l'enfant soit plus longtemps à la maison, ce qui lui serait bénéfique. De même, au moment de la naissance d'un cadet, certaines mères ne changent rien au temps que l'aîné passe à l'extérieur, alors qu'il aurait justement besoin d'avoir son comptant de présence familiale.

Enfin attention à ne pas trop se reposer sur la télé, Internet ou les jeux vidéo pour souffler. J'ai été terrifiée par cette publicité placardée sur les murs du métro : « Exactement le genre de baby-sitter qui vous manquait : TV et Internet illimités » !

Responsabiliser trop tôt

On demande à l'enfant de choisir alors qu'il est encore petit : quels vêtements mettre, prendre ou non ses médicaments, aller se coucher ou non... S'il attrape froid, tombe malade ou est trop fatigué, on lui en renvoie la responsabilité. Il doit, à son âge, déjà endosser les conséquences de ses décisions.

Quand l'enfant est jeune, il est bon de le laisser se débrouiller, « oui, mais pas tout seul[1] ! » Quand sa santé est en jeu, l'adulte reste entièrement responsable, il n'a pas à

1. Pour reprendre le titre du livre d'Etty Buzyn, *Me débrouiller, oui, mais pas tout seul*, Albin Michel, 2001.

le laisser décider dans des situations qui peuvent être vitales. S'il le fait, il n'assume pas sa responsabilité de parent : ses exigences inadéquates et excessives ne peuvent qu'angoisser l'enfant. L'enfant ne se sent pas aidé dans des choix aussi difficiles, il est désemparé et terrorisé par d'éventuelles conséquences et il a l'impression d'être abandonné. De plus, cela force son rythme. Je pense à cette petite fille de deux ans qui refusait de mettre manteau et bonnet en plein hiver avec la bénédiction résignée de ses parents qui n'y arrivaient pas.

Ça fait, bien sûr, l'affaire des parents : ils sont alors plus libres pour mener leur vie d'adultes. Et ils n'ont plus à entrer dans des relations conflictuelles avec leur enfant pour assumer le quotidien, ils se déchargent de cette tâche sur leur enfant qui doit, très tôt, se débrouiller tout seul et assumer les conséquences de ses actes.

Insulter, humilier

« T'es vilain... »

« T'es pas gentil. »

« T'es méchant. »

« T'es nul... T'es pas capable de... »

« T'es un con... »

« T'as pas de cerveau ! »

« T'es chiant ! »

« T'as pas honte ? »

« Qu'est-ce que j'ai fait au bon Dieu pour avoir un gosse pareil ?... »

On blesse l'enfant dans son identité, on porte sur lui un jugement qui le dévalorise, le meurtrit. Ce sont des phrases couperets qui portent comme des coups, condamnent l'enfant, tout en renforçant le pouvoir vacillant du parent démuni. Ce sont des phrases qui ne laissent pas de traces visibles, mais font des bleus à l'âme que l'enfant n'oubliera jamais.

« Allais-je devenir un vilain à force d'être traité en vilain [1] ? » On colle sur l'enfant une étiquette, un jugement de valeur auquel il va s'identifier : au lieu de faire cesser son comportement, cela le renforce, l'inscrit dedans, comme une identité, il devient effectivement ce que ses parents disent qu'il est.

Or, ce n'est pas l'enfant qui est méchant, mais l'acte qu'il a commis. Il est bien différent de dire : « C'est pas gentil » et « T'es pas gentil ». Dans le premier cas, l'adulte montre son désaccord quant à l'acte commis, mais n'enferme pas l'enfant dans une identité de méchant. Dans le second cas, au lieu de mettre des limites, il humilie et blesse son enfant. On sait que ces humiliations répétées creusent le lit de la haine, qui ressurgira un jour ou l'autre. Et c'est la bête blessée qui répondra.

La violence des mots s'imprime, marque pour la vie, alors qu'une petite tape isolée est vite oubliée, surtout si le parent s'en excuse après. « Déverser un torrent d'injures sur son enfant, c'est pire qu'une tape donnée sur une couche », assure Etty Buzyn [2].

Certains enfants sont abîmés par les insultes, les critiques, les humiliations répétées de leurs parents. On ne doit rien dire à un enfant qui l'humilie, même si l'on est à bout.

Les parents qui humilient ou insultent ont une grande fragilité narcissique.

1. Albert Cohen, *Oh, vous, frères humains*, Gallimard, « Folio », 1972, p. 159.
2. Auteur de *Papa, Maman, laissez-moi le temps de rêver*, Albin Michel, « Questions de parents », 2002.

Taper

« Tu vas recevoir une claque... Je compte jusqu'à trois et après, ça tombe ! »

« Je tape si tu n'obéis pas, si tu continues, si tu fais une bêtise... »

Cette menace brandie par l'adulte comme une épée de Damoclès suspendue en permanence au-dessus de la tête de l'enfant fait partie du quotidien de l'éducation d'un trop grand nombre d'enfants. Ça tombe tout le temps, ou ça risque de tomber. Les parents qui utilisent cette arme s'autorisent à taper leur enfant dès qu'il les irrite. C'est leur système d'éducation. Leur autorité se forge à coups de claques ou de menaces de claques. Que retiendra leur enfant de cette vie ? Une colère qui n'est pas près de disparaître, beaucoup de violence et une insécurité qui aura entamé sa confiance à jamais : la difficulté à développer une pensée critique et un jugement personnel.

Un père me disait être choqué d'entendre sa femme dire à leur fils de trois ans : « Je vais t'éclater. » Sa femme retravaillait depuis peu et, se sentant débordée, devenait très agressive.

D'aucuns sont interpellés par la violence qui les submerge : « J'ai peur car je ne supporte pas que mes enfants me parlent mal. J'ai frappé ma fille, j'étais très mal après, j'ai eu peur », me confie avec douleur la mère de Sandrine, quatre ans. « Je me suis vue avec mon père qui était très violent avec moi. C'est comme un tigre qui sort de moi. Il faut qu'elle ait mal pour que j'arrête. »

« Le seul moyen de le calmer quand il pique une crise, c'est le brumisateur dans la figure », explique ce père d'un garçon de trois ans. La douche froide est aussi un moyen fréquemment utilisé quand certains parents sont à bout d'arguments pour s'imposer. Et certains pères n'ont d'autorité qu'à coups de ceinture !

Souvent, la violence physique est la solution de dernier recours pour un adulte qui n'arrive pas à obtenir ce qu'il veut, ni ne peut répondre à l'appel de son enfant. Devant ses crises, ses pleurs, ses demandes répétées, son agitation, ses tristesses, ce passage à l'acte ne soulage que lui. Il peut mettre fin momentanément à cette spirale interactionnelle où chacun s'épuise. Mais après, qu'en restera-t-il pour l'enfant ?

De la violence en lui. La violence exprimée ou non, physique ou verbale, creuse le lit de la violence à long terme.

Maltraiter

Je ne m'étendrai pas ici sur la maltraitance de l'enfant qui fait partie des pathologies lourdes que je ne souhaite pas aborder dans ce livre. Je tiens cependant à m'y arrêter quelques instants pour remarquer que, dans ces cas-là, le bébé ou l'enfant est vécu par les parents comme le persécuteur qu'il faudra faire taire à n'importe quel prix. La cote d'alerte de la dévoration est largement dépassée. Il n'y a plus aucune digue pour l'enrayer ni s'y soustraire. « L'enfant nain devient géant et les parents se feront tout petits. Et les voilà qui attendent que l'enfant soit un bon parent, celui qu'ils n'ont jamais eu, un père, une mère pour eux, mais surtout pas cet enfant qu'ils sont incapables de se représenter, qui les persécute par ses besoins, ses pleurs, ses cris, ses réveils nocturnes, ses maladies... et qu'il faut bien faire taire, dont il faut se protéger, se défendre. Lui imposer le silence, à tout prix, coûte que coûte, coup après coup[1]. »

« ... Nous restons toujours confondus de voir combien un bébé s'expose, est exposé à la maltraitance alors même que sa faiblesse et sa totale dépendance le programment, programment les adultes à lui procurer une protection quasi permanente. Mais c'est justement cette fragilité qui constitue une menace pour l'adulte maltraitant, qui se sent comme dévoré par l'ampleur des besoins du nourrisson, qui va être submergé à son insu par les résonances, les réminiscences de sa propre petite enfance que ce bébé réactive[2]... »

Secouer

Quelques parents exaspérés par les pleurs ou les cris de leur bébé qui ne s'arrêtent pas, le secouent : « Un soir, je ne pouvais plus la supporter, elle criait encore, j'ai eu un geste que je m'en veux, je l'ai secouée au niveau de la nuque », avoue un père qui vient d'être inculpé pour homicide (extrait d'un fait divers relaté dans la presse).

Un tel geste peut être extrêmement dangereux, voire mortel chez un nourrisson de moins d'un an. Un enfant sur deux gardera des séquelles des lésions cérébrales dues à la violence des secousses. Et pour un bébé sur cinq, elles se traduiront par un retard mental et un handicap. Le parent qui secoue son bébé dans un moment d'exaspération croit que c'est moins grave que de le taper, de le cogner. Le parent « secoueur » voit l'enfant comme un adulte, au même niveau que lui, et en oublie que ça n'est qu'un bébé.

1. Patrick Ben Soussan, « Le petit enfant est battu sur son tutu tout nu », in *Un bébé est battu*, Érès, « Mille et un bébés », 1998.
2. Danielle Rapoport, « Du fantasme à la réalité », in *ibid.*

Nous avons voulu montrer les outils le plus fréquemment utilisés par les parents exaspérés. Chaque parent aura son ou ses outils préférés ; il pourra aussi en changer suivant les situations, le degré d'exaspération ou le point sensible et fragile réveillé par le comportement de son enfant.

3

Se laisser dévorer par un tout-petit

On oublie trop souvent qu'on ne devient parent qu'après un processus complexe, un cheminement qui se fait plus ou moins vite selon la grossesse et ses aléas, selon les circonstances de l'accouchement et sa plus ou moins grande violence, selon qu'on aura pu voir son bébé ou non, tout de suite après sa naissance, selon qu'on en aura été aussitôt séparé ou non pour des raisons médicales[1], selon l'appui dont bénéficiera la mère auprès de son compagnon, de sa famille, des soignants, de son groupe culturel et selon sa propre histoire et les fées-fantômes qui se pencheront sur le berceau de son bébé. L'accession à la maternité et à la paternité n'est pas un long fleuve tranquille et rencontre de nombreux obstacles que chacun franchira à sa façon. Nous allons tenter d'y voir plus clair en abordant ce qui peut donner, surtout aux mères, l'impression d'être envahi, débordé, dévoré.

1. « Toutes les mères qui viennent d'accoucher d'un enfant qui leur est retiré immédiatement parce qu'en danger, se trouvent submergées par un sentiment de culpabilité si violent que tous leurs repères en sont bouleversés. » (Michèle Benhaim, *L'Ambivalence de la mère. Étude psychanalytique sur la position maternelle*, Érès, 2000, p. 93.)

Je ne suis pas aussi heureuse que je le croyais

L'amour d'une mère pour son enfant ne se déclenche pas forcément dès qu'on lui pose le bébé sur le ventre. Ça peut prendre plus ou moins de temps et pas forcément le même chez toutes.

□ Autour de la naissance

« Pendant ma grossesse, j'ai eu de très vilaines pensées, j'abhorrais ce ventre. Il donnait des coups tonitruants, cet enfant » (mise à distance avec l'utilisation de démonstratifs et non de possessifs concernant son propre corps, « ce ventre », et son enfant, « cet enfant »).

« J'ai eu l'impression d'être une mauvaise mère avant d'être mère, puisqu'il ne grossissait pas bien dans mon ventre, c'est que je le nourrissais mal. »

« Il est né prématurément, je me suis sentie amputée d'une partie de ma grossesse, je le vis comme un échec. »

« Elle est arrivée avec six semaines d'avance. Je l'ai vue et elle est partie immédiatement en réanimation pendant vingt-quatre heures. Ils ne pouvaient se prononcer sur sa viabilité avant quarante-huit heures. Je l'ai vécu avec beaucoup de détachement, je n'avais pas envie d'aller la voir. Je culpabilise de m'être ainsi détachée. Elle était entre la vie et la mort. Je n'ai pas eu l'instinct maternel tout de suite. »

« Mon rêve était d'accoucher comme tout le monde, j'ai accouché par césarienne. Je me dis que mon corps n'a pas voulu donner plus. Il y a là pour moi quelque chose de l'ordre de la rétention, de la fermeture. Je m'en suis beaucoup voulu, j'ai pris cela pour de l'incapacité[1]. »

1. Nathalie Azoulai, *Elle*, 13 mai 2002.

Ces exemples montrent comment l'ambivalence ressentie par une mère est fréquente, la déstabilise et peut la noyer sous les flots de la culpabilité. Elle regrettera longtemps ces sentiments négatifs ou hostiles qu'elle a eus à l'égard de son bébé et essaiera de les contrecarrer ou de les gommer par un comportement de surprotection anxieuse. La culpabilité par rapport à ce ressenti hostile ne s'effacera pas toujours avec le temps.

Il faut dire qu'on considère le plus souvent la naissance d'un enfant comme un « heureux événement » : c'est « le bonheur », « la plénitude », « le moment le plus fort de sa vie ». D'où la difficulté à se sentir mal quand tout le monde vous croit si heureuse. Pourtant, « il y aura les moments d'euphorie et les moments d'épuisement, les temps d'angoisse et les instants de sérénité, la tendresse passionnée vers le tout-petit et les moments de rejet, la fierté fantastique de la maternité et l'envie de tout abandonner, de n'avoir jamais rien vécu de tout cela [1] ». Le bébé, s'il est l'être merveilleux que la mère attendait, peut aussi se révéler un être tyrannique et exigeant dont elle se passerait bien alors qu'elle l'a si ardemment désiré. Elle se faisait une telle joie d'être mère qu'elle se culpabilise de ne pas s'en réjouir.

Ressentir, pour une mère, à ce moment festif, de l'angoisse, des doutes, de la panique, de la détresse, voire de l'indifférence, lui apporte comme une impression d'anormalité ou d'étrangeté. Cet « autour de la naissance » devient alors une redoutable épreuve tant se fait grande la peur du jugement d'autrui, des siens, des soignants. La mère a honte, elle cache son malaise, elle n'ose en parler à personne et elle développe éventuellement toutes sortes de symptômes

1. Marie Thirion, *Les Compétences du nouveau-né*, Albin Michel, 1994.

psychiques dont la dépression post-partum[1] est le plus fréquent.

« Savez-vous, nous dit Winnicott, qu'un certain nombre de mères n'éprouvent pas d'amour pour leur bébé au moment de la naissance ? Elles se sentent affreusement mal, exactement comme une belle-mère. Elles essaient de faire semblant d'aimer leur enfant, mais n'y arrivent pas. Ce serait tellement plus facile pour elles si on les avait prévenues que l'amour survient de lui-même, mais qu'on ne peut, en aucun cas, le provoquer. La plupart du temps, une mère parvient rapidement à aimer son enfant, souvent dès la grossesse mais cela n'a rien de systématique et on ne peut savoir par avance ce qu'il en sera. Les pères connaissent parfois le même problème. Peut-être l'accepte-t-on plus facilement chez eux ? Il y a moins de pression sur eux et on accepte plus facilement qu'ils ne fondent pas devant leur enfant. Aussi ont-ils moins besoin de faire semblant. Leur amour a donc tout loisir de s'épanouir naturellement et en son temps.

Il arrive, plus fréquemment qu'on ne le pense, qu'une mère ressente pour lui de la haine. Je parle de femmes ordinaires qui, par ailleurs, se débrouillent tout à fait bien ou s'arrangent pour que quelqu'un d'autre agisse à leur place comme il convient. J'ai connu de nombreuses mères qui vivaient dans la terreur de découvrir qu'elles avaient fait du mal à leur enfant[2]. »

La mère rencontre un bébé qui ne ressemble pas à celui qu'elle fantasmait, mais elle, elle ne ressemble pas non plus à la mère parfaite qu'elle pensait être et ressent des affects déconcertants.

1. La dépression post-partum se manifeste vers la sixième semaine après l'accouchement, contrairement au baby-blues qui survient vers le quatrième jour et ne dure que quelques jours.
2. Donald W. Winnicott, *Conseils aux parents*, *op. cit.*

Je pense à Mme D. qui, dix ans après la naissance de son deuxième fils, culpabilise toujours de n'avoir jamais « craqué » pour lui, ni de s'être « extasiée » devant lui comme pour son autre fils : elle n'éprouvait aucun désir de le prendre dans ses bras ni de l'embrasser. Elle me raconte sa déception d'avoir vu apparaître un garçon de plus, après un accouchement qui s'était très mal passé, et sa crainte à ce moment de « casser la relation avec son aîné ».

« Je le regardais dans son berceau mais je ne ressentais rien. J'étais effarée. Je me disais que je n'arriverais jamais à être une bonne mère pour lui. »

Elle peut être dévorée par les angoisses, la peur de ne pas y arriver, la peur de lui faire mal et même par des phobies d'impulsion (vœux de mort) : « Cela a été un très gros choc car je l'avais tellement désirée. Je ne me sentais pas capable d'être mère. J'ai eu tellement peur que j'aurais préféré ne pas l'avoir faite. Ma mère, elle, elle m'a refusée à la naissance. J'ai eu un baby-blues au bout de trois jours. »

C'est donc ça finalement être mère ? Se retrouver attachée vingt-quatre heures sur vingt-quatre aux besoins de ce petit être ? Les soins nécessaires à la vie du bébé et la responsabilité inhérente à cette fonction amènent leur lot de contraintes. Aussi l'investissement maternel, fait d'amour et d'attention constante, n'est-il pas sans ambivalence. Mme C. se sent submergée depuis la naissance de son premier enfant. Son compagnon et elle ont mené pendant plusieurs années une vie de voyages, de sorties, de rencontres entre amis. Puis Mme C. a eu envie d'un enfant, alors que son compagnon était moins enthousiaste. Elle supporte très mal aujourd'hui les nuits écourtées et la perte de son ancienne liberté. Où est la place de ce bébé ? Venue consulter pour résoudre les troubles du sommeil de son fils, elle s'épanche avec beaucoup de culpabilité et de larmes.

L'allaitement au sein suscite aisément de l'ambivalence

compte tenu de l'implication corporelle qu'il requiert : « J'aimais bien et en même temps c'était fatigant. » « Quand il tète, je prends un livre, sinon peut-être que j'en aurais marre... » « Des fois je me sens pompée, aspirée, bouffée par ça ! » me dit une maman qui allaite son enfant de vingt mois et qui pourtant n'arrive pas à le sevrer. La voracité de leur bébé peut réjouir certaines mères et en angoisser d'autres qui ont l'impression d'être vidées, dévorées vivantes... ou de ressembler à une vache laitière. Ces dernières, envahies par de tels fantasmes, préféreront passer au biberon.

□ La transparence psychique de la grossesse

Avec la « transparence psychique de la grossesse », décrite par Monique Bydlowski[1], le temps de la périnatalité se caractérise par une porosité, chez la mère, de ses frontières psychiques, tant internes qu'externes. La naissance lève les délimitations externes, la différence entre le moi et l'autre : le bébé, pour un temps, reste psychiquement un prolongement de sa mère. « La naissance lève aussi les délimitations internes, les balises intrapsychiques acquises de haute lutte dans le développement psychoaffectif. Le passé et le présent se confondent, l'inconscient affleure. Les mécanismes de défense contre l'angoisse (...) sont pour un temps inopérants, le bébé venant activer chez sa mère, mais aussi chez tous les protagonistes, une pulsionnalité et des ressentis extrêmement primitifs. Les fragments de l'inconscient (souvenirs, conflits latents, fantasmes) viennent facilement à la conscience sans retenue[2]. »

« L'arrivée d'un bébé soulève une véritable lame de fond qui vient des profondeurs de l'archaïque. » Un bébé qui naît

1. Monique Bydlowski, *Je rêve un enfant, l'expérience intérieure de la maternité*, Odile Jacob, 2000.
2. *Ibid.*

c'est, pour la mère, « l'inconscient mis au-dehors[1] ». L'adulte est expulsé d'outre-enfance par ce que le nouveau-né lui impose de rencontre violente avec lui-même, avec son passé, avec ses origines qui sont à nouveau d'actualité. La mère a alors devant elle la partie de son psychisme qui se situe, en termes de processus psychique, avant la subjectivité, dans les zones où, justement, le fonctionnement psychique ne peut distinguer ce qui vient de soi et ce qui vient de l'autre... Le travail psychique de l'enfantement, ou encore celui de la parentalisation, passe par un moment de retrouvailles avec notre part bébé, une plongée dans notre propre enfance qui peut revêtir, on s'en doute, un caractère d'inquiétante étrangeté, voire d'effroi, lorsque celle-ci a été marquée par les carences, les empiétements. Lorsque l'enfant paraît, sont réactivées des défaillances parentales de notre propre histoire. On peut parler d'un effet « shaker » de la périnatalité : l'adulte se trouve mis « sens dessus dessous[2] », dans un grand désordre interne.

Il est important de prendre en charge, quand on le peut, cette dimension affective et émotionnelle de la naissance. Le suivi médical, indispensable bien sûr, ne suffit pas. C'est un vœu pieu puisque les maternités souffrent d'un manque de moyens. Pourtant, les consultations avec un psy, individuelles ou en groupe, sont nécessaires lorsque ce qui s'est passé autour de la naissance a été douloureux pour la mère ou son compagnon. Elles autorisent « une libération de l'invasion du "trop" de naissance[3] » : se « décontaminer du traumatisme de la naissance, exprimer des éprouvés pulsionnels violents (...) se laver des anxiétés de l'accouchement... accepter de décharger des affects ambivalents lourds

1. Anne Aubert-Godard, citée par Joëlle Rochette, *Rituels et mise au monde psychique*, Érès, « Mille et un bébés », 2002.
2. Joëlle Rochette, *op. cit.*, p. 62.
3. *Ibid.*, p. 81, 82.

à porter et culpabilisants, évacuer des colères, encore tapies au fond d'eux, exprimer des déceptions sur l'attitude de l'un ou de l'autre. Les interactions parents-bébé ou enfants sont alors décontaminées de ce matériau qui les parasitait et sont en quelque sorte fluidifiées et assouplies[1]. »

Je pense à cette mère d'une petite fille prématurée qui me confiait : « Personne ne m'a dit que c'était normal que je ne sois pas bien. Une galère, les jours en couveuse ! » Il lui aurait alors suffi d'une oreille attentive.

Je pense à cette mère qui s'est sentie, lors de son accouchement, dépossédée de son rôle de mère aussi bien par le personnel médical que par son compagnon : son bébé a tout de suite été séparé d'elle pour être opéré, elle a eu l'impression qu'elle était exclue des toutes premières relations. Elle culpabilisait d'avoir mis au monde un bébé qui souffre autant. Elle a allaité son enfant plus de deux ans pour se réapproprier sa place de mère et pour montrer qu'elle était une bonne mère, malgré sa séparation obligée dès la naissance et les souffrances qu'il avait endurées. Ce n'est que plus tard, en consultation, qu'elle a pu enfin exprimer sa colère envers le personnel de la maternité, qui ne l'avait pas soutenue, et envers son compagnon, dire sa culpabilité, son impuissance devant les souffrances de son bébé et ses souffrances à elle, en manque de mère depuis son plus jeune âge. Et le sevrage de son enfant a pu alors s'envisager progressivement. Les relations avec son enfant, débarrassées des retombées du séisme de la naissance et des hospitalisations, se sont détendues. Car le bébé décrypte facilement les sentiments d'exaspération, même contenus, qu'éprouve sa mère envers lui : il est très tôt sensible à la

1. Dans certaines maternités sont mises en places des réunions pour parler des vécus d'accouchement pour les parents qui le souhaitent. Espérons que cela se généralisera et fera un jour partie de la prévention des troubles de la petite enfance. Il y a souvent un décalage entre la réussite médicale et le vécu des parents qui peut être tout autre.

musique du langage avec son rythme, son intensité, son timbre, ses silences. Il déchiffre aussi très vite les manifestations corporelles infraverbales telles que des tensions, une hâte, une non-écoute, un ton de voix énervé, un regard ailleurs...

□ L'importance du groupe familial, culturel et social

Dans cette période de fragilité extrême des mères, sans défense et charriées aisément vers des zones archaïques, l'étayage sur les groupes familial et culturel a une importance capitale.

Si le groupe familial est hostile ou peu présent, si la mère est isolée ou seule, elle pourra vivre son accouchement et tout ce qui tourne autour comme une névrose traumatique : « Dans ce moment de grande fragilité, la mère et le bébé ont besoin d'un nid, d'une enveloppe culturelle et groupale (...) [l'arrivée d'un bébé est] une expérience subjective sans précédent, propre à déborder les capacités élaboratives du seul sujet et elle requiert pour s'intégrer psychiquement la fonction témoin du groupe. La mère pourra alors trouver un lieu où mettre ce que cette expérience lui fait vivre à l'intérieur[1]. » Elle a besoin du groupe pour se sentir reconnue et s'appuyer sur un relais en cas de besoin.

Or les mères, quittant aujourd'hui de plus en plus tôt la maternité, se retrouvent souvent seules, loin de leur groupe familial, les familles étant de plus en plus éclatées, surtout en ville. Les jeunes grands-parents travaillant encore ont de moins en moins le temps d'entourer la nouvelle accouchée. Celle-ci ne peut guère s'épancher, n'a personne à qui se référer face au nouvel être inconnu qu'est son bébé et n'a bien souvent personne à qui confier son bébé pour souffler

1. Joëlle Rochette, *op. cit.*, p. 31.

un peu. Comment se remettra-t-elle du séisme de la grossesse et de la naissance ?

Marie Thirion, pédiatre, raconte : « J'ai, un jour, il y a quelques années, reçu, au milieu de mes consultations, un coup de téléphone d'une de mes clientes, mère d'une petite fille de trois semaines. Elle m'a dit en criant : "Je n'en peux plus, je ne la supporte plus, je vais la passer dans le vide-ordures !" Sidérée par tant de violence, je lui ai répondu : "Ce serait dommage, vous habitez au sixième étage, elle pourrait se faire mal en tombant. Passez donc me la poser, ma poubelle est au rez-de-chaussée." J'ai donc gardé quelques heures cette petite fille qui dormait dans son couffin au beau milieu de mon cabinet. Lorsque la mère apaisée, détendue, est revenue la chercher, elle m'a simplement dit : "Vous êtes gonflée de m'avoir parlé de votre poubelle, mais si vous saviez comme ça m'a fait du bien... Et qu'a-t-elle fait pendant mon absence ?" Le lien d'amour était recréé, elle est partie, paisible, avec sa petite fille. Plusieurs années après, elle parle encore avec beaucoup d'émotion de cette journée inoubliable [1]. » Que se serait-il passé si cette mère n'avait pas été entendue et n'avait pas trouvé les bras de sa pédiatre ?

À nous, soignants, proches ou amis, de ne pas être culpabilisants, mais attentifs et vigilants aux exaspérations des mamans, dites ou murmurées, et même de les anticiper quand nous le pouvons.

□ Et le père ?

Le père peut vivre des choses difficiles et bouleversantes : lui aussi va être aux prises avec des remaniements libidinaux, des réactivations par rapport à son histoire, certains également parleront de transparence psychique [2]. Il peut

1. Marie Thirion, *op. cit.*
2. Geneviève Delaisi de Parseval, *La Part du père*, Le Seuil, 1998.

vivre cette grossesse dans son corps : avoir des nausées, toutes sortes de manifestations psychosomatiques, prendre des kilos (ce qu'on appelle le syndrome de la couvade). Quelle sera sa place alors que sa femme est mobilisée par son bébé ? Va-t-il retrouver progressivement sa place d'amant ? Va-t-il supporter ce passage de deux à trois ? Des auteurs américains évoquent les symptômes d'accès à la paternité comme les trois F : *Fear, Flight, Fight* (angoisses, fuite, agressivité ou violence).

Mais comme le père n'est pas sur le devant de la scène, il peut, en coulisses, plus aisément vivre ses difficultés. Les projecteurs étant davantage braqués sur la nouvelle mère, il a droit aux faux pas, aux hésitations, au surgissement des angoisses, il a plus de temps pour accéder à son statut de père. S'il se sent ébranlé par son accession à la paternité, il échappe davantage aux soins continuels à donner à son bébé et se sent quand même moins dévoré.

Ce bébé qui pleure sans arrêt

« Je ne supporte plus ce brouhaha continuel... » « Ça me prend au ventre quand il pleure... » « Elle pleure tout le temps, je ne peux rien faire pour moi, c'est le parcours du combattant... »

On est loin du bébé souriant qui inonde les médias et les publicités, de ce bébé calme qui a l'air si heureux. Les pleurs du nourrisson sont le cauchemar des nouveaux parents parce qu'ils suscitent des questions : est-ce qu'il a faim, est-ce qu'il a mal fait son rot, est-ce qu'il a mal ou est-ce un caprice ? Comment apprécier si c'est la faim, la douleur ou un inconfort physique ou psychologique qui le fait pleurer ? Doit-on y aller, est-ce que ça va s'arrêter ?

« Ça ne s'arrête pas. Si je n'y vais pas, ça va crescendo. »

Les parents oscillent entre deux attitudes extrêmes : laisser pleurer ou intervenir immédiatement pour faire arrêter les larmes. Mais comment faire cesser ces pleurs, ce trouble bruyant dans lequel les proches pataugent, se noient, submergés par des flots de décibels et de culpabilité ? Qu'ai-je mal fait ? Pourquoi suis-je incapable de comprendre et de faire quelque chose, moi son père ou sa mère ? Où a-t-il mal ? La force des pleurs est-elle proportionnelle à la gravité du mal, à la profondeur de son chagrin ou de sa colère ? Combien de temps puis-je le laisser pleurer ? Qu'est-ce que « pleurer trop » pour un bébé ? À partir de quand est-ce traumatisant ?

Quand un bébé pleure après avoir fini son biberon et qu'il ne souffre pas de reflux gastro-œsophagien, ce n'est pas forcément parce qu'il a encore faim, mais plutôt parce qu'il a faim de paroles. Quand un bébé est submergé de tensions, il pleure, il crie, signifiant ainsi son état de désorganisation, de débordement dans ses capacités à s'adapter. La fonction parentale est alors contenante, en ce que le seul fait de le prendre dans les bras suffit à l'apaiser, c'est-à-dire à contenir ce que lui-même n'est plus à même de contenir : tu n'es pas seul. Les adultes qui sont auprès de ce bébé peuvent exercer cette fonction si la mère ne peut le faire elle-même (parce qu'elle est dépressive, préoccupée, absente, etc.).

La tolérance aux pleurs des bébés va être très variable suivant chaque parent, en fonction de sa propre histoire, en fonction de l'écho que cela aura en lui, en fonction de la contenance rencontrée auprès de son compagnon ou de sa famille. Les projections des parents et leurs angoisses se déverseront aisément dans les pleurs de leur bébé. Le sens qu'ils leur attribueront sera fonction des affects charriés en eux à cette occasion et de la résonance qu'ils auront sur eux.

Et quand ils vivront les pleurs de leur bébé comme « un enfermement dans la prison des cris », ils tenteront de les faire cesser parfois à n'importe quel prix, cris, insultes ou violence (secouage) pour sortir de cette prison.

« On n'arrive pas à comprendre pourquoi elle hurle la nuit, on est déboussolés. Je ne supporte plus, j'ai trop entendu ses pleurs. Je deviens agressive, je crie tout de suite, je me retiens de la frapper. Elle trinque la nuit parce que je lui dis des méchancetés. » Cette mère d'une petite fille de dix-neuf mois, quand elle était bébé, ne pouvait elle-même quitter les bras de sa mère.

« Je me sentais si seule avec ce bébé qui pleurait, j'avais tout essayé et rien ne marchait, j'aurai fait n'importe quoi pour arrêter ces hurlements, un jour, j'ai changé de pièce pour éviter de lui faire du mal, j'ai eu peur de ce que j'aurais pu lui faire. »

Qui n'a pas entendu parler des coliques des trois premiers mois, ces pleurs incoercibles de fin d'après-midi où le bébé se tortille dans tous les sens et semble souffrir ? « Les bébés pleurent le soir à l'heure où les lions vont boire [1] », dit joliment le Dr Cohen-Solal. Souvent quand la mère est moins seule, qu'elle se sent mieux, qu'elle peut parler à d'autres gens et sort un peu de ce tête-à-tête avec son bébé, les coliques peuvent diminuer, voire disparaître. Rassurer la maman en lui disant que c'est bénin, que c'est normal, que sa responsabilité est nulle, désamorce souvent la situation anxiogène des coliques des trois premiers mois.

1. Julien Cohen-Solal, *Comprendre et soigner son enfant*, Laffont, 1975.

4

On n'entend que lui

Il pleurniche tout le temps

« Il pleurniche tout le temps, je ne supporte plus ses gémissements. Il ne peut s'exprimer autrement. En classe, il pleure aussi, ses copains se moquent de lui. »

« Ça nous fait de la peine quand elle sanglote, ce n'est pas concevable pour nous. On ne peut regarder tranquillement la télé et la laisser pleurer. »

« Je supporte très mal ses pleurs. Ça me met en colère et en même temps je culpabilise. Elle fait beaucoup de caprices et de jérémiades avec moi alors qu'ailleurs elle est délicieuse. Est-ce que je suis vraiment faite pour être mère ? C'est une grande souffrance alors qu'avec le cadet je n'ai eu aucun problème. »

« Elle pleurait tout le temps, je ne pouvais rien faire pour moi, ne serait-ce que prendre une douche. C'était le parcours du combattant. »

« Je ne supporte pas d'entendre pleurer un enfant, c'est congénital, ça me paraît aberrant. J'étais la cinquième, jamais mes frères et sœurs ne me laissaient me faire gronder ni pleurer. »

« Il pleure pour un rien. Ça me met à bout de nerfs. »

Quel est ce « rien » qui fait pleurer Paul, âgé de sept ans ?

Après quelques consultations avec lui, le « rien » a pu être identifié et se déployer :

– une rivalité terrible avec une petite sœur d'un an qui fait ses premiers pas, étape toujours difficile pour le grand qui prend conscience de l'envol du bébé ;

– son frère cadet a failli s'étouffer avec une cacahuète : Paul a craint alors que ses vœux de disparition de ce rival ne se réalisent vraiment ;

– une place qui lui est prise en classe par son meilleur ami, il n'est plus le préféré de la maîtresse ;

– et surtout des parents qui le considèrent toujours comme « un bébé » (ils l'appellent encore « mon bébé ») et non comme le grand garçon qu'il se sent être, qui aimerait ne plus avoir besoin d'eux, être un homme comme son père et avoir une amoureuse qui ressemble à sa mère et pourquoi pas sa mère elle-même !

Les pleurs souvent remplacent les mots qu'on ne sait pas dire ou qu'on ne s'autorise pas à dire, les mots de colère, les maux de l'âme, les mots pour demander.

Il a toujours mal quelque part

« Depuis qu'elle est petite, j'ai l'impression de la soigner en permanence, qu'il n'y a que ça, qu'elle n'est jamais guérie, qu'il faut toujours la soigner, lui donner tous les matins son sirop ou son fluor, l'idée d'être dans le soin tout le temps, que ça ne s'arrête jamais et c'est toujours moi qui vais chez le pédiatre. Penser à donner le sirop tous les jours, répéter le même geste, avoir cette responsabilité. Avec ses trucs de maladie, je rentre dans une galère. Je ne me dis pas, elle a mal, mais je pense à toutes ces visites chez le médecin, l'attente... »

« J'en ai marre de l'emmener chez les médecins toutes

les semaines depuis qu'il est né... Il a toujours quelque chose... Les hôpitaux, il connaît ! »

Ne pas se laisser envahir par l'angoisse et l'inquiétude quand son enfant est malade, se débrouiller pour trouver un mode de garde, décommander tous ses rendez-vous parce que la baby-sitter n'arrive pas, ne pas aller travailler pour rester auprès de son enfant : pourra-t-on profiter, dans ces conditions, de ce temps passé ensemble, de ce tête-à-tête obligé pour gâter son enfant, l'abreuver de câlins, parler, être disponible, tout lui permettre car il est malade ?

□ Les maladies de la petite enfance

Les très jeunes enfants gardés en collectivité sont tout le temps malades la première année, avec notamment des affections rhinopharyngées et des bronchiolites.

Le congé de maternité de deux mois et demi seulement (pour les deux premiers enfants) contribue sans aucun doute au développement impressionnant de ces maladies de la petite enfance. Ce congé trop court crée une carence de maternage dont a besoin tout bébé pour acquérir une sécurité affective suffisante et des assises narcissiques lui permettant d'affronter, sans trop d'anxiété, les séparations d'avec ses figures d'attachement. Dans le nord de l'Europe, le congé de maternité est d'un an et les enfants s'en portent mieux. La France est le pays d'Europe où les femmes travaillent le plus. Aussi certains bébés n'ont pas trouvé d'autre moyen pour voir leur mère que celui d'être malade même si, dans les crèches, on les accepte à partir du moment où ils ne sont pas contagieux. L'aberration du système, c'est que les parents paient la crèche même si leur enfant n'y va pas. On voit donc immergés en collectivité des bébés fiévreux, mal en point, qui auraient besoin des soins de leurs parents et de la tranquillité de leur nid.

Peut-être certains parents ne s'arrêtent-ils pas parce qu'ils n'en ont pas envie. La collectivité prend en charge leur bébé. Mais, souvent, ils ne le peuvent pas : les jours « enfants malades » ne sont pas extensibles[1] et tout le monde n'a pas les moyens ou la possibilité de s'arrêter sans compromettre son avenir professionnel.

Le congé de paternité de quatorze jours à la naissance depuis le 1er janvier 2002 est un progrès certes, mais le stress et la responsabilité auxquels sont soumis certains hommes à leur travail leur permettent-ils de le prendre sans risque ? Préserver son enfant au détriment de sa carrière : un dilemme quotidien pour les parents d'aujourd'hui. La société devrait les aider à s'occuper de leur bébé durant la première année. S'il avait une dose de maternage suffisante, celui-ci ne serait pas autant malade, tout le monde s'en porterait mieux, psychologiquement et médicalement, lui en premier lieu, et les parents ne se débattraient plus dans des problèmes de garde qui provoquent stress, frustrations, culpabilité, irritabilité et agressivité qui retombent forcément sur lui.

La société a sans doute changé, mais le développement d'un être humain est toujours le même : il a besoin de soins de la part de ses proches et on ne peut en faire l'économie. Les progrès et recherches en psychologie et psychanalyse de l'enfant nous le confirment chaque jour. Et l'on a pourtant toujours tendance à privilégier le travail des parents plutôt que le bien-être des enfants.

On se repose sur la collectivité à laquelle on demande de tout assumer. Enceintes de leur deuxième enfant et en congé de maternité, il arrive que certaines mères laissent leur premier-né à la crèche pour souffler ou parce qu'elles pensent qu'il s'ennuierait avec elles. De même quand elles ont

1. Les congés enfants malades sont de cinq jours avant un an et de trois jours entre un et seize ans, non rémunérés !

accouché, alors qu'elles pourraient le garder avec elle dans cette période difficile d'acceptation du nouveau venu.

On rencontre des mères qui renoncent temporairement à leur activité professionnelle et prennent un congé parental pour s'occuper de leur bébé (souvent pour leur deuxième). Et on voit aussi des pères renoncer à des impératifs de carrière pour être plus présents auprès de leurs enfants.

□ Un message à décrypter ?

« Il *m*'a fait une de ces angines ! » « Elle *m*'a piqué une fièvre à 40° ! » « Il ne *me* finit jamais son biberon ! » « Il *me* fait des otites chaque mois ! » Le langage populaire traduit bien ce que la psychanalyse nous a appris : à savoir que le symptôme est souvent un message adressé à l'entourage. En tout cas, certains parents le considèrent bien comme tel et racontent les maladies de leur enfant comme étant très en lien avec eux : leur enfant *leur* fait telle maladie.

Il est des enfants qui vont développer un symptôme pour attirer l'attention sur eux. Je me souviens d'un enfant qui faisait pipi au lit alors qu'il travaillait très bien et ne posait aucun problème. Son frère avait d'importants troubles du comportement qui mobilisaient les parents, et sa sœur, de gros problèmes scolaires. Du coup, se sentant oublié, il avait trouvé ce moyen d'attirer sur lui l'attention de ses parents.

Certains enfants attirent l'attention par des plaintes continuelles. Inquiets, les parents vont consulter. Si le médecin ne décèle rien, on les somme de retourner jouer sans se demander pourquoi ils se plaignaient. Mais la plainte va se déplacer ailleurs puisqu'on n'a pas entendu ce qu'ils cherchaient à dire, à nous dire. Et comme les plaintes continuent, les parents se montrent exaspérés et finissent par ne plus y prêter attention ou même à devenir agressifs à l'encontre de ces enfants qui ont toujours mal quelque part.

Parmi ces maux dont se plaignent les enfants, les plus fréquents sont – avec les maux de tête, les maux de « cœur » et les difficultés à s'endormir –, les maux de ventre... Ces douleurs abdominales éveillent beaucoup l'inquiétude des parents, la vigilance des pédiatres et donnent lieu à un absentéisme scolaire impressionnant. L'âge propice serait la période de latence, cette période entre six et neuf ans, réputée comme calme, mais que Kreisler décrit autrement :

« Le calme de la période de latence n'est qu'une apparence. Il serait erroné de croire qu'elle est a-conflictuelle. Les conflits latents ne s'expriment pas seulement par la voie névrotique classique, où ils seraient traduits par la pensée, ils s'échappent par un certain nombre de comportements nocturnes dans le cas du somnambulisme ou par la maladie.

Notre pratique clinique nous conduit à considérer les douleurs abdominales comme n'ayant pas une signification univoque. L'examen de l'enfant seul, s'il nous apporte des éléments essentiels à la compréhension du phénomène, n'est pas suffisant : il faut donc nous tourner vers sa cellule de vie, son système relationnel, comprendre le rôle du symptôme pour lui-même et aussi voir les membres de sa famille [1]... »

□ Il n'arrête pas de se faire mal

Les parents en parlent avec agacement, mais aussi avec fierté, comme si c'étaient les dernières prouesses de leur enfant.

Ce sont ceux qui finissent souvent aux urgences car leur enfant s'est encore blessé : il s'est ouvert le front, s'est cassé le poignet, s'est cogné contre une porte, s'est coincé le doigt, etc.

1. Léon Kreisler, *Le nouvel enfant du désordre psychosomatique*, Privat, 1992.

Il faut distinguer les enfants casse-cou, qui ne vont en réalité jamais se blesser ou seulement légèrement, et ceux qui se blessent gravement, se mettent en danger pour qu'on soit obligé d'intervenir. Cela nécessite qu'on s'interroge sur le fonctionnement familial. Car l'enfant qui ressent de l'hostilité ou de la haine pour ses parents va avoir besoin de s'en punir en se blessant.

Il réclame toujours quelque chose

Qui ne connaît des parents exaspérés et épuisés par les sollicitations incessantes de leurs enfants ?

□ Des demandes qui n'en finissent pas

Je suis certaine que de nombreuses mères se retrouveront dans cette description si juste de Nathalie Azoulai : « Ses enfants passent leur temps à l'appeler. Au nom de “maman”, elle répond dix, trente, cent fois par jour, pour des demandes variées. Et la plupart du temps elle aime répondre, combler leurs appels, parce que c'est son rôle, sa place, sa justification fondamentale. Elle cueille les “maman ?” comme des fleurs des champs, ordinaires et miraculeuses, c'est son lot. Jusqu'à ce que le vase déborde parce qu'il y a trop de fleurs et qu'elle étouffe et qu'elle aurait besoin de courir dans le champ sans se baisser pour ramasser ni regarder trop haut vers le ciel du côté des questions sans réponses. Alors, parfois sans crier gare, elle pose des yeux hagards sur l'un des enfants qui l'appelle ; elle est sourde et muette, elle voudrait qu'on la laisse tranquille, qu'ils se débrouillent sans elle[1]. »

« Il est tout le temps en train de me demander quelque

1. Nathalie Azoulai, *op. cit.*, p. 78.

chose, ça n'arrête jamais, me confie une maman comme tant d'autres. Il obtient ce qu'il demande et, aussitôt, il réclame autre chose. Il n'est jamais content, c'est le bureau des réclamations qui est toujours ouvert. »

Moins on répond à la demande de son enfant, plus il réclame. Plus il réclame, plus on se sent agressé et moins on a envie de donner. Comment arrêter cette boucle infernale dans laquelle l'adulte entretient lui-même ce processus de frustration-agressivité ? En fait, ce que demande l'enfant à travers ses demandes incessantes, c'est quelque chose qu'on ne peut ou qu'on n'a pas envie de lui donner à ce moment-là (de l'attention, de la tendresse). La demande est vécue comme violente et, se sentant agressé, l'adulte devient, à son tour, agressif. Or, on sait bien que, pour un enfant, tout vaut mieux que de l'indifférence.

« Ma fille de deux ans me suit partout, elle est toujours en demande. » Cathy est née à un moment où sa mère était déjà épuisée par les nuits difficiles de son premier enfant, donc peu disponible et un peu déprimée. Elle avait du mal à entrer en communication avec sa fille, tant elle lui semblait étrangère. Cathy, insatisfaite, s'accroche à elle et ne lui laisse pas de répit.

« C'est comme des bras qui l'arrachent dès qu'elle essaie de s'atteler à quelque chose. "Viens voir !", martelé toute la journée, c'est ces bouts de temps volés qu'elle tente désespérément de raccommoder. En vain [1]. »

« J'ai l'impression de subir un harcèlement moral, dit la mère d'Alain. Tous les matins, au réveil, il me demande si je vais travailler. » Cette mère s'est beaucoup culpabilisée de reprendre son travail et son fils le sent bien, il appuie sur la corde sensible.

« Elle ne me laisse pas une minute tranquille le mercredi.

1. *Ibid.*, p. 121.

Elle ne joue pas seule, n'a aucune autonomie dans la journée. Je me laisse envahir alors que son père l'envoie balader. » Née très prématurément, après six mois de grossesse, Léa, qui a quatre ans et demi, avait une sœur jumelle qui est morte quinze jours après leur naissance. Sa mère n'a pu l'allaiter, à son grand regret. Léa se met, la nuit, entre ses deux parents comme un trait d'union, pour combler le vide laissé par sa sœur morte et ainsi les rassurer (elle s'allonge en travers sur ses deux parents). Elle sollicite en permanence sa mère dans la journée pour lui montrer qu'elle, elle est bien en vie et pour la distraire de son chagrin d'avoir perdu l'un de ses bébés. De plus, la mère de Léa a été élevée chez une nourrice ses dix premières années : « Je suis une victime consentante, je lui permets en fait de me solliciter non-stop. Moi, je ne pouvais pas, mes parents n'étaient jamais là pour mon anniversaire quand j'étais petite. »

Écoutons également cette maman : « C'est mieux pour moi de les avoir à la maison, mais toute la journée, on a la tête... Quelquefois, je ne peux plus les supporter, aucun n'écoute ! Dès que le deuxième ira à l'école, je retravaillerai et je les apprécierai plus car j'en ai ras le bol ! » « On » est utilisé pour mettre à distance l'agressivité et la banaliser : tout le monde fait comme ça, je ne suis pas la seule. L'utilisation de la dénomination « deuxième » au lieu du prénom de l'enfant traduit de l'agressivité à son encontre. Cette maman dit qu'elle est contente d'être à la maison pour s'occuper de ses enfants elle-même, mais elle reconnaît ses limites. Ses formulations signent son ambivalence : l'amour mêlé à l'agressivité, le dilemme entre le plaisir d'être à la maison et celui de retravailler. On voit combien il est important de prendre en compte le désir des mères : elles se sentent d'autant plus facilement dévorées qu'elles n'ont pas vraiment choisi de rester à la maison ou de retravailler. Dès que la situation est difficile, elles n'ont qu'une envie : réaliser ce qu'elles n'ont pu faire jusque-là, sortir de la maison ou y rentrer, ne plus se sacrifier.

« Des fois, je lui dis : "Tu m'agaces, laisse-moi tranquille." Je m'en veux, mais avec elle, j'ai pas d'idées, je ne sais pas quoi faire alors qu'avec mon fils, la question ne se pose pas. » Cette mère a toujours eu des relations difficiles avec la sienne, elle est en fait envahie par ce qui la gêne avec sa propre mère.

Devant ces sollicitations incessantes des enfants, les parents se révoltent : « La sollicitation permanente, jamais j'aurais pu m'imaginer ne pas la supporter... Ça me pompe, mes enfants, faut toujours être en première ligne. »

« Je refuse de me laisser fasciser par mon fils », déclare la maman d'un garçon de cinq ans. Quelle autorité ou plutôt quel autoritarisme cette mère projette-t-elle sur son fils ? Celui dont son père a usé envers elle ? Le terme « fascisé » qu'elle utilise montre à quel point elle ressent les demandes de son fils comme des ordres.

« Ça me gonfle de jouer avec les enfants, ils attendent une disponibilité absolue ! » La plupart des femmes reconnaissent ne pas avoir envie de jouer ou ne pas en avoir le temps. Elles assument les tâches matérielles et l'éducation. Submergées de contraintes, comment pourraient-elles trouver le loisir ou le désir de jouer ? N'essaient-elles pas déjà d'arriver à tout faire ? Comment peuvent-elles trouver assez de disponibilité psychique pour partager des jeux avec leur enfant si elles sont submergées par les tâches domestiques, en plus de possibles difficultés familiales ou professionnelles ? Le jeu suppose l'oubli de ses préoccupations, la possibilité de pouvoir différer ce qui est à faire et d'arriver à se détendre.

N'est-il pas légitime qu'elles revendiquent un peu de temps à elles pour souffler ? Leur besoin de faire des pauses, la plupart des mères l'expriment avec une certaine culpabilité :

« J'ai besoin d'une pause l'après-midi. Qu'est-ce que ça me fait du bien ! Je suis tout le temps attentive, alors là je peux rêver, penser à ce que je veux ! » me dit la maman de deux enfants d'âges rapprochés, l'un de deux ans, l'autre de huit mois. Elle les met en halte-garderie deux fois par semaine, et tout le monde s'en porte mieux.

□ Son air malheureux

« Il a toujours l'air malheureux... Je ne comprends pas, il a tout pour être heureux ! » s'écrient nombre de parents.

En consultation, la maman d'un garçon de huit ans s'emporte contre lui : « Il me culpabilise tout le temps, il crie tout le temps. C'est pesant, ses demandes, qu'il ne me voit pas assez, qu'il s'ennuie le week-end, mais il n'a pas de copains, il ne veut pas aller aux anniversaires. Stop ! Je me tape tout, les courses, les toubibs et ça n'arrête pas. Moi, ma mère, je ne peux plus jamais la voir, elle est morte quand j'avais quinze ans ; son père, lui, il peut le voir ! Il n'a aucune autonomie, il veut dormir dans mon lit toutes les nuits, il a sa télé dans sa chambre ! Stop ! » Et elle arrêtera brutalement les séances de soutien psychologique pour son fils.

Elle-même a dû très tôt s'occuper de ses petites sœurs. Sans doute le fait que son fils « ait tout », et notamment la chance d'avoir encore sa mère et son père, lui a semblé être une situation enviable et bien peu traumatisante à côté de celle qu'elle avait connue : les parents évaluent toujours la souffrance de leur enfant à l'aune de leur propre souffrance. Mais on voit aussi que ce garçon ne se sent pas assez en sécurité pour aller vers l'extérieur et se détacher de sa mère. Ses parents viennent de se séparer brutalement : même s'il peut effectivement voir son père, il est fragilisé par cette situation, il a besoin d'être sûr que sa mère ne partira pas elle aussi comme vient de le faire son père et il s'y accroche d'autant plus.

□ Il réclame de l'argent et des cadeaux

Des demandes plus concrètes dévorent les parents : des cadeaux, encore des cadeaux... ou de l'argent, encore de l'argent.

Les demandes d'argent commencent de plus en plus tôt et sont vécues comme du harcèlement pour les parents. Face à la société de consommation, les parents manquent de fermeté, ils culpabilisent de n'être pas assez présents et, pour compenser, ils sont enclins à céder.

Il est une manière de couper court à toutes ces demandes d'argent : c'est de donner très tôt à l'enfant, dès qu'il sait compter, de l'argent de poche, une somme régulière, indépendante de son comportement ou de ses résultats scolaires. Il sera plongé dans la réalité de sa gestion, dans la gestion de ses désirs qu'il ne pourra satisfaire de façon illimitée, il apprendra à choisir entre la satisfaction immédiate et la satisfaction différée. Cela lui permettra également de se démarquer par rapport à ses parents et de s'acheter des choses qui lui font plaisir, pour lesquelles ses parents ne seraient pas forcément d'accord. Et il pourra faire plaisir aux gens qu'il aime sans dépendre directement de leur argent ou de leur accord, et leur faire des surprises.

Nombreux sont les parents qui pensent que l'argent de poche est inutile puisque leurs enfants n'ont qu'à leur demander quand ils ont besoin de quelque chose. Mais, dans ce cas, l'enfant n'a pas du tout la même liberté et il dépend complètement de l'adulte pour le moindre achat : il n'a guère d'autonomie.

Il pique des crises à tout propos

« Tout est sujet à conflit, il dit non à tout, il est violent, il crie, tape, se roule par terre, rien ne peut se passer calmement, c'est usant d'être obligé de se battre pour tout, on n'en peut plus. »

La phase d'opposition est une phase normale que traverse l'enfant autour de deux ans et demi, mais qui désarçonne les parents et les use : ils découvrent un enfant qu'ils ne connaissaient pas sous ce jour et qui, à peine haut comme trois pommes, commence à leur tenir tête pour tout. Ils sont obligés de se battre pour imposer ce qu'ils imposaient jusque-là sans trop de conflits. Un nouveau rôle qui les fait osciller entre bras de fer impressionnants et démissions, à bout de forces et d'arguments. Les rages des enfants de deux-trois ans devant les frustrations et les limites sont impressionnantes. Ils sont débordés par leurs pulsions, et il est parfois bon de les contenir physiquement lorsque le langage n'y fait rien.

Après cette période particulièrement douloureuse pour les parents, les situations de conflit ne seront plus aussi systématiques, mais elles continueront, tout au long du développement de l'enfant, d'habiter la famille. Ces situations de conflit ne sont pas anormales ni inquiétantes, elles sont le lot de tout éducateur. Mais elles nous ébranlent et nous poussent dans nos retranchements avec nos certitudes et nos doutes : dois-je céder ou non, ai-je raison d'exiger cela ? C'est moi l'adulte, il doit m'écouter !

□ Franchir les limites

Je me souviens de Violaine qui, du haut de ses trois ans, poussait à bout ses deux parents venus consulter. Son père baissait les bras tandis que sa mère tenait bon comme elle le pouvait. Dans mon bureau, il me fallut intervenir à diverses reprises pour lui faire respecter ce qui était interdit. En jouant, elle prit un bébé qu'elle mit en cage « car il avait fait une grosse bêtise, il avait renversé le mur » : le mur représentait clairement les limites que Violaine testait constamment et essayait de dépasser. Puis elle fit rentrer dans la cage plein de personnages qui se disputaient pour y aller. Cherchaient-ils des limites ? En fin de consultation, elle partit, apaisée, en marmonnant : « Non, c'est non ; oui, c'est oui ! », phrase que j'avais prononcée pendant ma consultation.

« J'en peux plus, elle est toujours insatisfaite, opposante, ça va jamais », me dit, les larmes aux yeux, la maman de Leslie, âgée de huit ans, et Leslie de croire qu'elle vient me voir parce qu'elle est méchante.

Et la maman de Carole ne s'en sort plus avec sa fille de cinq ans qui s'oppose à elle et l'insulte. En fait, elle se sent aussi démunie qu'autrefois, lorsqu'elle avait douze ans et qu'elle devait s'occuper complètement de sa jeune sœur, elle retrouve les mêmes angoisses. À vingt ans de distance, il y a confusion entre le rôle de grande sœur, parentifiée trop tôt (c'est-à-dire obligée d'assumer une relation de parent alors qu'elle n'en avait pas l'âge, ce qui est très angoissant) et celui de mère et elle retrouve les mêmes angoisses.

« Le soir, c'est hystérique. Je crie beaucoup, ils deviennent des démons tous les deux. Si je suis au téléphone, c'est l'apothéose, c'est terrible ! J'ai l'impression d'être leur esclave. Le grand, il ne m'aide pas du tout, c'est vrai qu'il est encore petit. Je lui donne des granulés pour le calmer, il est trop excité : dans la journée, il se tape la tête contre les murs. Je n'en peux plus, ils se battent. »

Alors que Théo, âgé de vingt-deux mois, joue très calmement dans mon bureau, sa mère s'écrie : « T'es sage, hein ? »

Cette maman se plaint d'être dérangée par son fils, mais, dès qu'il la laisse un peu tranquille, elle ne le supporte pas et intervient. Son fils l'a bien compris et donc se manifeste à longueur de temps pour la rassurer.

Franck a trois ans. Il fait des crises. Il croit qu'il vient me voir parce qu'il « est méchant ». « Chaque jour, il y a une crise, des fois, c'est non-stop. Quand il fait ses crises, il s'allonge par terre, il trépigne, il crie, il hurle. Il hurle quand il est contrarié et ne supporte pas quand on est au téléphone, quand on se parle ou quand il y a du monde. Il n'écoute pas, il n'y a que quand on le prend brutalement qu'il s'arrête. Depuis l'entrée à la maternelle, il y a deux mois, c'est pire. On a peut-être trop cédé depuis qu'il est petit... »

Ses parents ont mis six ans à l'avoir par fécondation in vitro (ce qui n'a pas encore été expliqué à Franck), une galère, alors qu'une petite fille est arrivée naturellement deux ans après sa naissance. Pendant ces six ans d'attente, sa maman déprimait tellement qu'elle avait du mal à assumer le quotidien. Elle ne vivait plus qu'en fonction des dates de procréation ; cette période reste encore très douloureuse pour elle. Son mari contenait comme il pouvait les angoisses de sa femme. À la naissance de leur fils, il a continué de prendre tout en charge et de s'occuper beaucoup du bébé ; il culpabilise à cause de la trop grande place qu'il a prise, mais peut-être est-ce sa femme, encore déprimée par cette longue attente, qui la lui a laissée malgré elle. Tous deux parlent d'une relation fusionnelle père-fils et de la souffrance de cette mère qui s'est sentie dépossédée de sa relation avec son enfant. Avec Karine, la sœur de Franck, il n'y a aucun problème de place, de rôle et, par conséquent, pas de crises. Le secret de la FIV pèse sans doute dans les relations de Franck avec ses parents.

Pendant la consultation, Franck n'arrive pas à jouer seul

plus de quelques minutes et attire continuellement notre attention, peut-être pour nous empêcher de parler de « sa méchanceté » (il a bien raison). Ses parents se laissent facilement déranger par lui, couper la parole. Ils ne mettent pas de limites claires, ils envoient même des messages paradoxaux : le père empêche Franck de toucher au sac de sa femme puis, comme son fils insiste, il lui dit qu'il va voir si sa femme est d'accord pour qu'il le prenne. Pendant que je parle, sa mère tourne la tête vers son fils et lui répond en même temps. Comment Franck s'y retrouve-t-il avec ces non-oui qui ne le sécurisent pas ?

Il est normal qu'un enfant exprime plus ou moins fort sa colère lorsqu'on lui oppose des fins de non-recevoir. Chacun manifeste sa contrariété à sa façon, plus ou moins bruyamment et de façon plus ou moins démonstrative. Mais un enfant ne continue à faire des crises que s'il en obtient des bénéfices. S'il continue, s'il crie plus fort quand on lui dit d'arrêter, peut-être les parents doivent-ils se poser des questions : les limites ont-elles été suffisamment posées ? Ne sont-ils pas trop absorbés par leurs soucis ou déprimés pour prêter attention aux demandes de l'enfant ? N'admirent-ils pas, sans oser se l'avouer, l'opposition qu'il leur manifeste car eux n'ont jamais osé le faire avec leurs parents ?

Une mise à l'écart momentanée suffit à arrêter la crise : faute de spectateurs, le spectacle s'arrête. Mais ensuite, il faudra en reparler, quand la colère sera retombée. Les enfants, en outrepassant continuellement les interdits, en testant les limites, cherchent à forcer l'adulte à s'occuper d'eux, même si ce n'est pas dans la tendresse. Il est important d'y prêter attention, de reconnaître que l'enfant puisse être furieux, de respecter ce qu'il ressent, tout en montrant qu'on ne peut le laisser faire et qu'on ne changera pas d'avis pour autant.

□ De l'agressivité à la violence

On a tous en nous une agressivité naturelle qui nous permet de nous défendre contre l'extérieur On pourra parler de violence quand cette agressivité déborde, d'abord l'enfant lui-même et l'adulte. Par la violence, l'enfant, même très petit, avant même de parler, agit son agressivité au lieu de la communiquer avec des mots quand il accède au langage.

Il est important, dans la première année, de répondre aux besoins du bébé et d'assurer une continuité dans les soins pour qu'il acquière une sécurité existentielle. Progressivement, on lui apprendra la frustration, à respecter des limites et des interdits. Sinon, il ne connaîtra comme unique loi que la satisfaction immédiate de ses désirs et utilisera la violence pour parvenir coûte que coûte à ses fins. Un enfant ne se structure que quand on met des limites à sa toute-puissance et à son désir d'être le roi du monde.

Les enfants seraient plus violents avec leur mère qu'avec leur père. Quand les mères ne sont pas aidées de leur compagnon ou d'un autre homme, qui puisse jouer le rôle de tiers séparateur pour contenir l'enfant physiquement ou verbalement en énonçant la loi et en mettant les limites, elles sont dépassées et l'enfant déstabilisé par cet adulte qui perd pied.

Il faut pouvoir contenir physiquement le petit enfant qui ne peut contrôler ses pulsions (tant qu'on ne l'a pas calmé, on ne peut discuter), être ferme et ne pas céder, montrer qu'on a compris qu'il n'était pas content (il y a toujours une souffrance derrière toute violence), sanctionner (pour que l'enfant puisse repartir, ça libère de la culpabilité) ou faire réparer si besoin est, remettre des mots sur ce qui a été agi et comprendre le pourquoi de cette violence. Mais ne pas répondre à la violence par la violence.

L'univers d'images répétitives violentes et visualisées dans lequel l'enfant est immergé de plus en plus tôt a une valeur traumatique : il sidère la pensée, crée des excitations ou des peurs que l'enfant cherche à répéter en en redemandant, et l'éloigne d'activités plus structurantes pour son développement.

Il se dispute sans arrêt avec ses frères et sœurs

La rivalité dans la fratrie a toujours existé et existera toujours. Si elle habite tout enfant normal, elle n'en dévore pas moins ses parents qui ont à la supporter et à la gérer.

Les querelles des enfants sont invivables quand elles commencent dès le réveil, continuent à table, en voiture, dans les magasins et durent ou se répètent jusqu'au coucher. Les répits, moments de complicité, de jeux et chahuts partagés, de rires existent, mais ponctuellement. La proximité corporelle est parfois impossible : effleurer l'autre crée un drame, comme si approcher ou entrer dans la bulle de l'autre, le sentir respirer trop près, était insupportable.

En famille, la promiscuité est pourtant incontournable et quand la rivalité œuvre, même si chacun a la chance ou la malchance d'avoir son territoire, sa chambre, les rivaux vont tout faire pour se retrouver, s'approcher et se quereller. C'est une dynamique de conflit que personne ne comprend et qui désespère les parents. « Quand ils sont ensemble, ils ne se supportent pas, mais si l'autre est absent, il le réclame et le cherche. »

□ La cascade des conflits

« Quand ma mère est énervée avec mon père, elle s'énerve sur moi ; moi, ça m'énerve, je ne peux pas m'énerver sur mon père ou sur ma mère, alors je m'énerve sur ma petite sœur qui garde tout pour elle car elle n'a pas de petit frère. Alors, elle m'énerve et c'est moi qui prends. »

« Ma petite sœur, elle me nargue, alors j'explose contre elle et ma mère explose contre moi. »

Ces enfants expriment remarquablement les réactions en cascade au sein de la famille et comment les conflits qui ne peuvent se faire directement se déplacent. La fratrie sert :

– à ne pas affronter directement les parents (on décharge sa colère sur un membre de la fratrie, ça fait moins peur) ;

– d'exutoire aux parents quand ils ont des conflits ensemble (pour éviter le conflit avec son conjoint) ;

– à se serrer les coudes entre frères et sœurs et à faire bloc contre les parents ou, au contraire, à s'allier avec l'un des parents contre le rival, frère ou sœur.

□ La jalousie

Il arrive que la famille soit rongée par les affres de cette rivalité[1] qui circule entre les enfants.

Un père me disait de son fils aîné : « Il n'a qu'à mettre sa jalousie de côté ! » Il est vrai que tout le monde s'en porterait mieux et que ça simplifierait la vie des parents. Mais cette injonction directe ou tacite faite aux enfants de ne pas être jaloux est irrecevable, puisque la jalousie infiltre forcément les relations entre les enfants d'une même fratrie, qu'elle est un sentiment normal (naturel) et bon et que c'est justement grâce à elle, à cause d'elle et contre elle, que l'enfant va se structurer, progresser et se dépasser : il va se frayer un chemin dans cette jungle, se battre contre les monstres qu'il y rencontrera (la haine, le désir de vengeance, la violence),

1. Je n'aime guère ce terme de jalousie qui me semble connoté négativement et moralisateur : ce n'est pas bien d'être jaloux. Je lui préfère le terme de rivalité qui me semble caractériser ce qui est à l'œuvre en chacun de nous, petit ou grand dans nos relations avec les autres.

y trouver parfois des clairières sans dangers avec des pauses de complicité et des trêves réparatrices, puis reprendre son laborieux combat contre ses frères et sœurs et contre ce qu'il sent bouillonner au fond de lui pour finir par trouver sa place et s'apaiser.

Il y a deux façons pour les enfants d'exprimer leur jalousie. Soit par une agressivité et une violence extrême au point que les parents sont obligés de protéger le jalousé et le jaloux :

– protéger le jalousé des agressions de l'autre, ne pas quitter des yeux leur enfant ou ne pas le laisser tout seul avec l'autre, surtout s'il est tout bébé, ne serait-ce que quelques secondes : « Il l'avait mis sous une couverture et au bord du lit » ;

– protéger le jaloux de la culpabilité en édictant des limites fermes et indiscutables. Puis essayer de comprendre ce qui le fait souffrir au point de vouloir agresser l'autre.

Soit il y a idéalisation, adoration du rival pour ne surtout pas montrer ce qui sourd tout au fond de soi : n'étant ni reconnue ni identifiée comme jalousie, cette attitude est d'autant plus lourde de dangers : « Il adore son petit frère, entend-on le plus souvent, il est tout le temps à lui faire des câlins. D'ailleurs, il l'aime tellement qu'il le serre très fort, souvent même un peu trop fort. » L'enfant n'ose montrer sa rivalité de peur de perdre l'amour de ses parents et la transforme en amour excessif. Il peut aussi « materner » excessivement son rival, répondre à sa place, faire à sa place, cela lui donne un pouvoir écrasant et n'aide pas l'autre à grandir, mais le rend dépendant.

On rencontre aussi dans les fratries un phénomène de vases communicants : l'un sera d'autant plus vilain que l'autre est adorable et vice versa. Le vilain est encore plus vilain, irrité par la gentillesse de l'autre qui obtient des gratifications supplémentaires de ses parents. Et l'autre est encore plus gentil pour bénéficier du régime de faveur et boire du petit-lait quand l'autre se fait réprimander.

□ Les parents face aux enfants

Les parents sont atteints différemment par la rivalité fraternelle de leurs enfants, car elle fait écho à ce qu'eux-mêmes ont vécu. Comment vivre les chamailleries dont sont émaillées les journées avec ses enfants quand on a été soi-même élevé tout seul ? Cela paraîtra terrible alors qu'un parent ayant des frères et sœurs trouvera ces disputes normales et aura tendance à ne pas s'affoler et à ne pas dramatiser.

Plutôt que « Ne sois pas jaloux » ou « Ce n'est pas bien d'être jaloux », il vaut mieux dire à l'enfant : « N'aie pas peur de ta jalousie. C'est vrai, c'est difficile, mais c'est comme ça, tu ne peux avoir tes parents pour toi tout seul, tu ne peux pas ne pas partager le gâteau... » Quel apprentissage, à domicile, de la vie sociale et des relations humaines !

Mais lorsqu'un enfant ne parvient pas à gérer sa jalousie, qu'elle l'envahit trop, que la relation ne se fait que sur le mode de la dispute, que le rival est toujours vécu comme un suspect et que, surtout, il n'arrive pas à avoir d'autres centres d'intérêt, que de souffrances pour lui et ses parents ! Le rôle du parent est tantôt de laisser les enfants se débrouiller seuls sans intervenir, tantôt de désamorcer les conflits sans attiser les rancœurs. Les parents tenteront de :

– reconnaître et accepter que l'enfant puisse avoir plus d'affinités avec l'un que l'autre, qu'eux-mêmes puissent être différents avec leurs enfants ; donc essayer d'être juste et équitable et se forcer à aller vers l'enfant avec lequel c'est plus difficile ;

– ne pas avoir des attitudes qui englobent les enfants sans tenir compte de l'individualité de chacun ;

– ne pas comparer ni évaluer les enfants entre eux ;

– ne pas les situer par rapport à l'autre (le petit et le grand, les filles, les garçons, etc.) ;

– passer des moments seul avec chacun d'entre eux ;

– favoriser des activités différentes pour chacun, donc des espaces et des temps différenciés. Par exemple : éviter qu'ils choisissent le même sport ou le même instrument de musique.

Dans ma pratique de psychanalyste, je suis souvent confrontée à la jalousie des frères et sœurs. Les autres envient parfois celui qui vient me voir parce je ne m'occupe que de lui, qu'il y a plein de jouets, de la peinture, de la pâte à modeler, dans un espace où eux n'ont pas le droit d'entrer. Ils envient aussi les trajets que ce privilégié va faire, la plupart du temps seul avec l'un de ses parents, temps privilégié volé aux autres. Je remarque que, dans les familles où les limites sont clairement mises, celui qui reste dans la salle d'attente respecte aisément cet espace dévolu à son frère ou à sa sœur. Dans d'autres familles, il est plus difficile de faire comprendre au malheureux qu'il ne peut entrer, que l'espace est réservé à l'autre. Une fillette de sept ans l'avait bien compris lorsqu'elle me disait : « Mon frère, il fait semblant d'être triste pour aller te voir. »

Il est normal d'être jaloux, mais la jalousie peut faire des dégâts. Il est important de la laisser s'exprimer, de l'entendre, mais pas au détriment de l'autre. Protéger le jalousé s'il ne peut se défendre seul et protéger le jaloux des mouvements hostiles qui bouillonnent au fond de lui et qu'il n'arrive pas toujours à canaliser en ne laissant pas tout faire.

□ Les cadeaux

Les parents ont à ce point le souci d'éviter les conflits qu'ils offrent souvent, à l'occasion de l'anniversaire d'un des enfants, un cadeau également aux autres frères et sœurs.

Quelquefois, la souffrance de celui dont ce n'est pas l'anniversaire est si forte que les parents, à bout et démunis, essaient ainsi de rendre plus douce sa frustration. Mais, en agissant ainsi, on ne valorise pas celui qu'on veut fêter, on dénie les différences.

J'ai même vu, dans certaines familles, la petite souris apporter un cadeau à chaque enfant alors qu'un seul avait perdu une dent ! Le rituel n'a plus de sens puisqu'il est là pour rassurer et compenser la perte que l'enfant vient de faire. Les parents ont peut-être peur de se confronter aux affres des frustrations ressenties par leurs autres enfants qui n'auront aucun cadeau, et pour cause !

La prévention de la jalousie ne passe jamais par l'égalité à tout prix, mais par l'individualisation et l'acceptation des différences.

□ Quand l'un des enfants est malade

Lorsqu'on est préoccupé par la maladie de l'un de ses enfants et par les soins à lui prodiguer, les autres n'oublient pas de se rappeler à notre bon souvenir et nous réclament d'autant plus. En effet, un enfant ne considère pas la maladie d'un de ses frères ou sœurs comme source de souffrance ou de douleur pour lui, mais plutôt comme un moyen habile d'accaparer l'attention des parents, d'obtenir l'autorisation de ne plus aller à l'école, d'être exempté de corvées, d'être plus gâté, etc. Je me souviendrai toujours de cette petite fille de six ans, dont la sœur cadette fut très malade pendant une année, qui s'écria en rentrant dans mon cabinet : « Ça y est, elle est guérie, je vais pouvoir à nouveau la taper ! » Quand l'un de nos enfants est malade, il est préférable de ne pas oublier les autres, qui considèrent le temps passé auprès du malade comme proportionnel à l'amour que lui portent ses parents et non à l'intensité de la maladie, la nécessité de soins et les angoisses qu'elle crée. De plus, les enfants non malades qui nous réclament nous empêchent quelque peu de plonger dans la spirale de l'angoisse et des angoisses de mort suscitées plus ou moins par la maladie.

□ Les familles recomposées

Pourquoi, réunis par leurs parents, les enfants de l'un et de l'autre s'entendraient-ils forcément ?

La rivalité étant normalement à l'œuvre dans toutes les fratries, il va de soi qu'elle ne s'estompera pas dans les familles dites recomposées ou mosaïques, mais se renforcera plutôt et se complexifiera : des alliances se feront entre le bloc des enfants d'un premier lit contre le bloc des enfants d'un deuxième lit, entre certains enfants d'un premier lit qui seront contents de prendre comme alliés les autres enfants pour lutter contre un des membres de la fratrie qu'ils n'arrivaient peut-être pas à affronter seuls jusque-là.

Pendant les week-ends ou les vacances, on assiste à un chassé-croisé entre les enfants de l'un et ceux de l'autre. Ça ne se passe pas forcément comme on pourrait le souhaiter, dans la sérénité et la joie des retrouvailles : il y a ceux qui n'ont pas du tout envie de supporter un nouveau frère ou une nouvelle sœur qui leur tombe dessus alors qu'ils ont déjà à supporter leur vrai frère ou leur vraie sœur ; il y a aussi ceux qu'on aimerait avoir pour frères et sœurs et qui remplaceraient ceux qu'on a déjà et dont on ne veut pas... En bref, les week-ends, dans ces familles, ne sont pas de tout repos pour les parents et leurs conjoints. Ce sont d'autres conflits à gérer, une autre forme d'attention à distiller, une grande prudence dans ce que l'on donne à l'un et à l'autre et, parfois, l'exaspération de devoir assumer ce qu'on n'a pas souhaité, le désir de s'en mêler ou non et, quelquefois, celui de tout laisser, conjoint, maison et enfants avec l'eau du bain. Comment prendre parti, arbitrer les conflits entre ses propres enfants et ceux de l'autre, comment ne pas être tenté de trop défendre les siens ou, au contraire, de défendre les autres pour prouver sa bonne foi ?

Recomposer une famille n'est pas de tout repos pour les parents et leurs nouveaux compagnons. La vigilance s'impose pour écouter chacun et ne défavoriser personne. Tout cela sur fond de culpabilité pour les parents et fond de culpabilisation pour les enfants. Il est parfois difficile de gérer la complexité de ces nouvelles relations familiales.

5

Il ne nous lâche pas

Il ne dort jamais

« Trois ans que je ne suis pas allée jusqu'au bout de ma nuit ! » Le constat de cette mère épuisée illustre remarquablement l'enfer dans lequel se débattent les parents. Dormir une nuit entière devient leur vœu le plus cher. Ils rêvent de trouver quelqu'un à qui confier leur enfant, ne serait-ce qu'une seule nuit – mais à qui oser confier un bébé aussi bruyant ?

Pourtant, il arrive plus souvent qu'on ne le pense que son bébé ou son enfant dorme chez les autres, amis ou grands-parents, du sommeil du juste, au grand désespoir des parents qui comprennent alors que c'est avec eux que leur enfant a des comptes à régler. Leur désespoir en est renforcé. Leur espoir aussi : il peut dormir toute la nuit ailleurs, donc c'est de l'ordre du possible !

Les parents se laissent souvent dévorer, pendant des années, par les réveils de leur enfant car il y a toujours une bonne raison : il fait ses dents, il a le nez bouché, il a des gaz, il n'a pas fait la sieste ou il a fait une trop longue sieste, il vient d'avoir un petit frère, on a déménagé, il est entré à la crèche, son père est au chômage, on a eu du monde, il n'était pas chez lui, on était en vacances, il a un nouveau lit, il ne mange pas assez le soir... Une bonne raison, c'est un motif qu'on trouve chaque fois et qui tient la route, qui est valable et qui peut, en effet, à lui tout seul, perturber une nuit ou quelques nuits. Avec toutes les bonnes raisons que l'on ne manque jamais de trouver, le trouble du sommeil continue sa longue vie.

□ L'instant de la séparation

Le trouble du sommeil ne peut laisser indifférent à moins de dormir profondément et de ne rien entendre, comme la plupart des pères et quelques mères. Il est variable suivant les familles et suivant les moments : soit il ne laisse aucun répit aux parents, soit alternent des périodes où l'enfant ne se réveille pas du tout et des périodes où il se réveille dix fois par nuit. La tolérance de chaque parent sera fonction de nombreux facteurs :

– ce qu'il aura vécu dans sa journée ;

– la façon de gérer le réveil, seul ou avec son conjoint ou en conflit avec lui ;

– l'heure à laquelle il survient ;

– les enjeux du lendemain ;

– la gestion de son propre sommeil : réussira-t-on à se rendormir ou non ;

– ce que ça remue en soi : culpabilité, colère, haine, violence, envie de partir...

Si ça ne va pas affectivement, on se laissera dévorer plus facilement : on fera avec son enfant le plein d'affection, on acceptera plus facilement sa demande de câlins la nuit si elle se superpose à son propre besoin de tendresse.

Les fortes réactions provoquées par le trouble du sommeil font apparaître clairement l'ambivalence des parents entre amour et haine, entre désir de réconforter et désir de souffler, entre culpabilité et rejet :

« Je lui ai dit que j'en avais marre et je culpabilise. »

« Comme elle ne veut pas dormir, je n'ai plus de temps pour moi, ça me gonfle », me dit la mère d'une petite Anna de onze mois.

Les parents expriment leur exaspération, mais en même temps leur impuissance à aider leur enfant, à le consoler, à lui permettre de passer de douces nuits. Ils vivent douloureusement ce dilemme et fluctuent entre le ras-le-bol et la culpabilité d'en vouloir autant à ce petit être qui, peut-être, n'y est pour rien.

Quand un enfant se relève dix fois, quand il réclame toujours quelque chose (pipi, à boire, pas dans un verre, la tétine, un dernier baiser, papa, non maman, etc.), alors qu'il a eu *in extenso* le rituel du coucher censé l'apaiser pour le grand voyage de la nuit, quand il pleure dès qu'on le quitte, quand on est obligé de rester des minutes, voire des heures à côté de lui et que, lorsqu'il s'est enfin endormi et qu'on est en train de quitter sans faire de bruit la chambre, il se réveille aussitôt, comment garder son calme ? Faut-il vraiment marcher, quand dire stop ?

Le coucher est un jeu où le parent est loin de gagner à tous les coups. L'enfant est un partenaire très rusé qui sait que, dans ce moment de séparation, dans ce sas entre la veille et le sommeil, entre l'extérieur et l'intérieur, il va pouvoir sortir sa meilleure carte, expérimenter à fond sa toute-puissance : que peut-il obtenir à ce moment précis ?

Comment, pour les parents, apprécier, à cet instant critique, si leur enfant est vraiment malheureux, s'il a peur ou si c'est un caprice ? Le coucher est un des moments forts de la petite enfance, car il est un moment de séparation chargé affectivement. Si l'enfant sent un écho chez ses parents à l'instant où il leur manifeste des réticences ou de l'opposition, il va tirer sur la corde, grappiller quelques minutes ou quelques câlins que les parents n'oseront pas refuser.

Comment les parents vivent-ils eux-mêmes l'endormissement ? Une mère seule avec son bébé sur de longues périodes, car son mari, reporter de guerre, est au loin et dans des zones dangereuses, n'arrive à l'endormir que dans les bras : « Je le sens abandonné quand je le pose car il pleure, il est triste quand je lui dis bonne nuit. » On voit combien la solitude de cette mère, la situation anxiogène due à la profession de son mari lui fait projeter sur son bébé son propre désarroi, le ressenti de se retrouver seule dès qu'il dormira : ne s'agit-il pas de sa propre tristesse et de son sentiment d'abandon en pareilles circonstances ? On comprend que de tenir son bébé contre elle doit lui faire autant de bien qu'à lui.

Le coucher est un moment relationnel très riche où tout fait sens : les mimiques, l'expression du corps, le ton de la voix, les silences ou les mots prononcés. Dans la façon de dire : « Va te coucher » ou « Bonne nuit », passent l'exaspération, la peur de la solitude, l'envie de souffler – « Il s'endort tout seul, je peux au moins faire d'autres choses » –, le désir de retrouver son compagnon ou de se retrouver, la culpabilisation de ne pas avoir assez vu son enfant, l'ambivalence, le présent, le passé. L'enfant et ses parents eux-mêmes vivent-ils l'endormissement comme une continuité ou comme une séparation ?

□ Le rituel du coucher, un luxe ou une nécessité ?

« De tout temps et dans tous les pays, les femmes ont chanté dans les berceuses leurs espoirs, leurs peines, leurs dures conditions de vie, leurs invocations aux dieux et aux puissances bénéfiques pour obtenir la protection de l'enfant. Elles évoquent aussi leurs souhaits et leurs attentes pour l'avenir du bébé et parfois leur ambivalence, voire leurs tendances mortifères. Les mères se libèrent ainsi de leurs angoisses et s'apaisent en chantant. Par la vertu créatrice du chant, par sa consécration à l'enfant, les affects négatifs, inhérents à la condition maternelle, se trouvent alors neutralisés, voire sublimés... Cependant, dans les sociétés industrialisées, nombreuses sont les mères qui disent "ne pas savoir chanter" ou ne pas avoir le temps de bercer l'enfant, ceci d'autant plus que ces pratiques ont été dévalorisées par la puériculture officielle. Il est vrai que le chant d'une berceuse et l'accompagnement postural qui s'y associe impliquent nécessairement la présence de l'adulte et sont le témoin de sa disponibilité à l'égard de l'enfant [1]. »

Beaucoup plus d'enfants qu'on ne le pense vont au lit sans accompagnement et sans rituel, sans même un petit câlin. Pourtant, dans nos sociétés occidentales où les séparations de la journée sont longues, il est plus que jamais indispensable de jalonner avec des repères stables et répétitifs le chemin qui mène au sommeil et donc à la nouvelle séparation de la nuit alors qu'on s'est peu vu dans la journée. On peut le vivre comme un bonheur car c'est un moment intense dans lequel se condensent émois, plaisir de donner, d'échanger et de recevoir. On peut le vivre d'autant mieux s'il signe l'annonce d'une soirée pour les parents qui pourront ensuite souffler, déculpabilisés par le sommeil du juste de leur enfant : on peut passer à autre chose, on a accompli sa tâche, l'endormissement de l'enfant met un point final à une journée de parent. Mais on peut aussi le vivre comme une corvée incontournable dont on se passerait bien, surtout si le rituel s'étire désespérément. Et qui va assumer le rituel : un parent, les deux parents, un parent par enfant ? C'est le plus souvent toujours le même : chacun s'y retrouve, les parents et surtout l'enfant.

1. Hélène Stork, « Bercements, berceaux et berceuses, un éclairage transculturel », *Enfance et Psychologie*, n° 10, 2000.

« J'ai besoin, le soir, qu'ils soient dans leur chambre, dans leur petit dodo, ailleurs, loin, même si c'est culpabilisant. » Ce besoin de coucher ses enfants et de s'en séparer signe le désir de se retrouver avec soi-même, de pouvoir penser à soi, de pouvoir rêver à quelqu'un d'autre que son enfant, de pouvoir se recentrer. L'enfant pourra s'endormir si sa mère rêve à quelqu'un d'autre, à quelque chose d'autre et peut se détacher de lui. Mais n'est-ce pas vécu aussi comme le souhait de s'en débarrasser ?

S'autorise-t-on à se débarrasser de ses enfants, à se décharger de ses responsabilités comme d'un fardeau, à se séparer d'eux si on les a peu vus dans la journée ? Peut-on se réjouir de se sentir bien, de souffler quand ils sont couchés ?

□ Les réveils intempestifs

Les enfants qui ne s'endorment pas seuls réveilleront leurs parents car ils ne pourront se rendormir seuls, ils réclameront pour se rendormir les conditions qu'ils avaient pour l'endormissement de début de nuit.

« À quatre heures du matin, j'étais débordée de haine, je me suis mise dans un coin... »

« On pète les plombs quand il nous réveille plusieurs fois par nuit... »

« On est à bout avec elle, on a envie de cogner... »

« Arrête, avant que je ne te flingue. »

« C'est un petit ange le jour, et la nuit, un fauve ! »

Ces répliques empruntées à des parents différents révèlent ce qui monte en eux à la faveur de ces réveils intempestifs : certains vont réussir à enrayer ou à canaliser plus ou moins la violence qu'ils ressentent. Combien de parents avouent être très en colère, avoir crié, avoir secoué leur bébé, avoir tapé ou frappé leur enfant ou l'avoir laissé pleurer des heures dans le fond de l'appartement quand c'est possible, ou d'avoir mis des boules Quiès pour ne plus l'entendre !

Ce qui rend le trouble du sommeil particulièrement difficile à vivre pour eux, c'est, au-delà de la gêne qu'il suscite, l'agressivité, le rejet et parfois la violence qu'il fait surgir. N'y aurait-il pas davantage de maltraitance la nuit quand l'adulte est tiré brutalement des strates profondes de son sommeil et assume tant bien que mal, à moitié éveillé ou à moitié assoupi, la tâche de rendormir son enfant, dans le silence, l'obscurité, la solitude, l'urgence, la crainte de ne pas y arriver, la peur de réveiller le reste de la maisonnée, la colère d'être celui qui sacrifie son sommeil ? Comment se montrer patient, compréhensif et accueillant lorsque c'est le nième réveil ?

« Je suis tellement fatiguée que je ne cherche plus à comprendre. »

Je me souviens de cette maman à laquelle on avait « prescrit », pour obtenir des nuits plus calmes, de laisser pleurer sa petite fille de deux ans pendant douze nuits. Ce fut radical : l'enfant ne pleurait plus la nuit, mais la journée, elle avait perdu sa joie de vivre. Sa mère alors reposée, mais à juste titre inquiète, venait me consulter pour ce nouveau symptôme.

□ Le couple à l'épreuve des troubles du sommeil

« La nuit, j'attendais que mon mari soit plus ferme et s'il l'était trop, je ne supportais pas. » Le trouble du sommeil, survenant surtout la nuit, contrairement aux autres troubles, implique davantage le couple car il dérange les deux parents. Aussi les disputes au sein du couple sont-elles légion quant à la façon de s'y prendre pour répondre aux demandes ou pleurs de l'enfant au coucher ou pendant la nuit : l'un aura envie d'user de fermeté, de poser des limites ou d'user de la force, l'autre ne pourra le supporter et s'y opposera. L'un dormira à poings fermés tandis que l'autre se débattra pour faire cesser les cris. L'un se précipitera dès qu'il entendra pleurer tandis que l'autre s'y opposera fortement et attendra que la situation se dégrade vraiment pour intervenir.

Qui aura le dernier mot ? L'enfant le plus souvent, car il ne sera nullement apaisé par les divergences bruyantes de ses parents. Il réussira parfois à évincer l'un des parents qui, pour avoir la paix, émigrera ailleurs et il se retrouvera seul avec l'autre parent ou encore il atterrira dans le lit conjugal, bien campé au milieu de ses deux parents, privilège qu'il ne sera pas prêt à lâcher.

« On a acheté un lit plus grand pour y tenir tous les trois. »

Si le bébé ou l'enfant s'est réveillé la nuit pendant des mois, voire des années, lorsqu'il arrive enfin à faire ses nuits, les parents, soulagés, restent conditionnés par l'habitude des réveils multiples et continuent d'être dévorés dans leur sommeil même s'il ne se réveille plus : « Je guette, j'attends qu'il se réveille. » Il faudra plus ou moins de temps pour que le parent ne soit plus hanté par les cris perçants ou les pleurs exponentiels qu'il croit encore entendre dans la nuit : « Cette nuit, on a été bluffés tellement elle dormait. »

Après des soirées bien écornées et des nuits agitées, les réveils ne sont pas des plus harmonieux et les retrouvailles du matin s'en trouvent le plus souvent entachées :

« Ça génère une telle agressivité qu'au réveil j'ai envie de la piler... »

« J'en voulais, au réveil, à mon fils, son crédit était grillé... il se réveille trop tôt, ce n'est plus possible !... Après les nuits qu'il nous fait passer, je ne supporte pas qu'il se lève avant sept heures trente, je ne peux pas fonctionner. »

□ Y a-t-il davantage de troubles du sommeil aujourd'hui ?

Les séparations d'avec les parents sont de plus en plus précoces, dès la fin du congé de maternité, c'est-à-dire au troisième mois et sont de plus en plus longues dans la journée. Et ces séparations précoces entraînent une explosion de manifestations psychosomatiques. Les parents mieux informés ne considèrent plus les couchers et nuits difficiles comme faisant partie de la vie d'un bébé ou d'un enfant. Avant, ils en prenaient leur parti : un enfant, c'est comme ça, ça pleure la nuit et ça passera ! Maintenant, ils savent que l'enfant, avec son trouble du sommeil, cherche à dire quelque chose de son propre mal-être ou du mal-être de sa famille.

Les parents ont des raisons d'être intolérants : travaillant souvent tous les deux, ils ne peuvent, dans une société marquée par la compétitivité, se permettre de mal dormir et d'être moins performants. La fatigue n'est pas une arme qu'un travailleur peut brandir pour excuser sa baisse d'efficacité, il lui faut être performant, souriant, en bonne santé. Qui va se sacrifier la nuit, qui va se lever, et qui va en payer le prix et risquer un licenciement ? Quand les mères ne travaillent pas à l'extérieur, ce sont elles qui assument les nuits à réveils multiples pour laisser dormir celui qui gagne l'argent. On connaît le sommeil, ô combien profond, dans lequel plongent la plupart des pères et dont aucun bruit ne peut les tirer. Pourtant, le meilleur moyen de venir à bout des réveils multiples, c'est que ce soit le père qui se lève et mette les limites, la nuit, de l'accès de l'enfant à sa mère : « Tu laisses ta mère dormir, c'est moi qui suis avec elle. » Il reprend ainsi sa place d'amant et marque l'impossibilité d'une proximité trop grande de l'enfant avec celle-ci.

Mais les parents (plus souvent les mères) peuvent se montrer particulièrement tolérants : culpabilisés parce qu'ils sont séparés un grand laps de temps, qui va parfois jusqu'à douze, voire quatorze heures par jour (cela peut même atteindre vingt-deux à vingt-quatre heures si l'enfant est couché avant le retour des parents, le soir ou s'il n'est pas réveillé le matin), ils accèdent plus facilement aux demandes de leurs enfants, ils cèdent à leurs supplications, ils fondent devant leurs pleurs et certaines mères parlent même de ce plaisir extrême d'avoir, au cœur de la nuit, son bébé dans les bras quand la maisonnée dort. C'est un moment privilégié dans lequel l'un et l'autre essaient de rattraper le temps non partagé dans la journée. Et puis, si une mère a été séparée de son bébé à la naissance, pour prématurité ou pour maladie, elle se sentira coupable de ne pas l'avoir protégé ou de n'avoir pu lui éviter de souffrir et se montrera particulièrement tolérante à ses pleurs et donc à ses réveils dans la nuit : « Je ne peux pas dire que je sois en colère même si je suis épuisée », dit Mme D., séparée deux mois de son petit garçon prématuré à sa naissance. Certaines familles acceptent des situations incroyables, se laissent tyranniser pendant des mois, voire des années : on se demande comment chacun tient encore debout.

Il n'est pas facile de concilier vie professionnelle et vie de famille. Les parents ne se trouvent-ils pas devant le dilemme suivant : respecter les rythmes de leurs enfants quitte à les voir moins, ou les voir au risque de ne plus pouvoir tenir compte des rythmes dont ils auraient besoin ?

Puisqu'il faut accepter de vivre séparé, ce qui est important, c'est d'aménager vraiment ces séparations en passant du temps ensemble : avoir de véritables échanges corporels et affectifs, un tête-à-tête de qualité (portage, calme), éviter la course pour que le bébé puisse se remplir de l'image de ses parents et que celle-ci l'accompagne tout au long de la journée. Il est moins difficile de se séparer quand on en a bien profité. Plus sécurisé, l'enfant ne vivra pas ces séparations comme des cassures et pourra, dans les moments sans ses parents, se référer, si besoin est, à leur image intériorisée, c'est-à-dire les faire revenir en pensée. Sinon, insécurisé dans la journée, il risque, la nuit, avec ses réveils, de se rappeler au bon souvenir des siens pour leur parler de ses chagrins du jour. Ce qu'il a mal assumé ou mal vécu le réveillera.

On oublie trop que le sommeil est d'une extrême importance pour la croissance d'un enfant et la construction de son cerveau. C'est un des grands équilibres de la vie de tout être humain.

On oublie également qu'un bébé ou un enfant ne sont pas des grandes personnes et qu'ils ont besoin d'une vie, de rythmes bien à eux et de repères stables. Ils ne peuvent être bringuebalés d'une maison à l'autre, d'une garde à l'autre, changer d'horaires au gré des programmes des week-ends. Souvent les parents ont du mal à accepter de ne plus mener la même vie qu'avant, mais ils ont tout à gagner à respecter les rythmes de leur enfant : certains s'endormiront n'importe où, c'est vrai, mais d'autres ont besoin de leur cadre, toujours le même, pour se laisser basculer dans le sommeil. Aux parents de repérer les meilleures conditions d'endormissement de chacun de leurs enfants pour concilier le plus possible les envies des uns avec les besoins des autres.

Il est toujours collé à nous

« Il me colle... Il ne me lâche pas, je ne peux rien faire sans qu'il me suive... il préfère rester avec moi que de jouer avec ses copains... dès qu'il ne me voit plus, c'est le drame, j'étouffe... C'est un vrai pot de colle, de la glu. »

« Il ne me lâche pas de la journée, c'est stressant. Il ne

joue pas tout seul. Au jardin, il ne va pas avec d'autres enfants, il reste planté, là... et le soir, j'ai envie de m'en débarrasser. »

« Il est tyrannique, il ne peut attendre. On ne peut faire un truc quand il est là. Faut jouer avec lui, être là. Il ne supporte pas qu'on se parle avec son père... J'aimais bien l'allaiter, mais je sentais la dépendance étouffante. »

« Avoir sa fille dans les pattes toute la journée : elle ne me lâche pas, elle est scotchée à moi. Depuis qu'elle est née, elle me vampirise. Quand je suis là, elle ne veut que moi, je ne peux même pas lire le journal. Les retours le soir m'angoissent, je suis bouffée. Et le rituel du coucher qui n'en finit pas ! » Cette maman a conscience qu'à cause de son histoire douloureuse et d'une mère qui l'a rejetée dès sa naissance, elle n'arrive pas à dire non à sa fille : elle penserait alors être une mauvaise mère comme l'a été la sienne.

« La télé, c'est bien pratique, sinon elle est dans mes pattes. »

« Quelquefois, je lui dis : "Tu m'agaces, tu m'énerves, j'ai pas le temps, laisse-moi tranquille" alors que je la laisse me phagocyter pour le sommeil de la sieste et de la nuit. »

En consultation, il arrive souvent que, pendant que la maman me raconte que son enfant ne se détache jamais d'elle, l'enfant joue très bien et mène sa petite vie d'enfant en explorant, expérimentant ou construisant. On apprend qu'à la crèche et avec les grands-parents, c'est pareil. Il n'y a que sa mère qu'il « colle » ainsi. Quand sa mère n'est pas là, il survit très bien, contrairement à ce qu'il semble lui montrer.

□ L'insécurité

C'est ce que ressent la mère ou le père qui détermine le collage de l'enfant : si le parent ressent de l'hostilité à son égard ou s'il est déprimé et n'en peut plus, l'enfant insécurisé se collera d'autant plus. Le collage est une façon pour lui de retenir ce parent hostile ou lointain, absent à cause de sa fatigue ou de sa dépression.

On connaît bien aujourd'hui les différents types d'attachement que développent très tôt les bébés[1]. De nombreux travaux ont montré des corrélations statistiquement significatives entre l'état sécure et insécure de l'enfant et la façon dont on s'est occupé de lui durant la première année. L'état de sécurité de l'enfant vers l'âge d'un an le conduit à l'exploration du monde extérieur avec des conduites de socialisation, des sourires et le désir de jouer. L'attachement sécure donne un tel sentiment de confiance que l'enfant ose se séparer de l'objet pour explorer un autre monde que celui de sa mère. Plus il aura pu s'appuyer sur ses parents petit, et plus facilement il pourra s'en détacher en grandissant.

L'insécurité ou l'attachement insécure lui fait rechercher au contraire, de façon exagérée, la présence de la mère ou son évitement. S'il la recherche, son comportement se caractérisera par des conduites d'accrochage et un besoin de contact. L'enfant insécurisé se colle contre l'objet qu'il a peur de perdre et ne peut donc s'en détacher. Toute menace de détachement entraîne un sentiment de panique, de détresse et le réflexe bien sûr de se cramponner. Cet enfant qui manque de sécurité restera proche et n'ira pas explorer le monde extérieur, il sera moins actif, aura du mal à jouer seul et tendance à rester « planté là », comme disent souvent ses parents.

Les enfants qui n'ont pas ce sentiment de profonde sécurité ont tendance à garder les yeux rivés sur leur mère, ce qui peut donner l'impression à celle-ci d'être dévorée des yeux : ils ne peuvent répondre sans s'accrocher à son regard.

1. Travaux de Bolwby et Ainsworth présentés par Yvon Gauthier, « Les premiers liens » in *Au début de la vie psychique*, (sous la direction de Bernard Golse), Odile Jacob, 1999.

Ils guettent ses réactions, ses moindres émotions. Ils ne peuvent en fait avoir d'échanges avec un étranger sans prendre appui sur elle.

Cette fixation excessive à la mère ou à celle qui exerce cette fonction n'est-elle pas due aux pulsions de haine et d'agressivité du bébé envers la mère dont parle Melanie Klein ? L'enfant s'assure que ses fantasmes de destruction n'ont pas détruit réellement les personnes qu'il aime, qui le gratifient et le frustrent en même temps. Dans sa crainte de la perdre, se renforce l'emprise du bébé à l'égard de sa mère. Chaque fois qu'elle s'absente, la crainte de l'avoir dévorée s'intensifie et engendre une angoisse massive, celle de l'avoir trop haïe, de l'avoir haïe à mort. L'enfant confronté à la peur de voir l'objet définitivement perdu fait des efforts désespérés pour sauver et réparer cet objet.

□ L'incapacité à être seul

Progressivement, le bébé va pouvoir jouer seul, développer ses capacités d'initiative sous le regard bienveillant de sa mère qui « le porte et le soutient » (Winnicott). Puis il pourra, grâce à ce regard structurant de la mère, continuer de jouer sans anxiété si elle disparaît de son champ de vision : il acquiert peu à peu la capacité d'être seul.

Autour du neuvième mois, la personne d'attachement ou objet d'amour continue en effet d'exister même si elle disparaît de son champ de vision. Il garde en lui une image positive d'elle, il a acquis la permanence de l'objet d'amour et s'y référera en cas d'attente, de frustration et d'angoisse, il a avec lui, en lui, ses parents, même quand ils sont loin. Il les a mis en mémoire grâce aux expériences gratifiantes et continues qu'il a vécues avec eux et il peut les faire revenir en pensée dès qu'il est inquiet. Il a compris qu'ils reviendraient toujours, il peut donc s'en séparer, profiter de moments sans eux, il a acquis la capacité à être seul : il peut jouer, avoir des initiatives, se laisser aller sans guetter en permanence où ils sont et sans s'accrocher à eux. Il peut faire des aller et retour, renouer le contact avec eux, par la parole ou par un câlin, puis repartir, confiant, vers d'autres explorations, mener sa petite vie d'enfant.

Mais l'angoisse de séparation peut être celle de sa mère ou de son père : le parent ne pouvant laisser aucun espace entre lui et son enfant.

« Je ne fais plus rien pour moi, je me suis effacée, je ne fais plus de sport, je ne sors plus, je ne lis plus. Quand elle est là, je ne peux rien faire », dit cette mère d'une petite fille de vingt mois qu'elle ne lâche pas des yeux. Cette maman ne va pas bien. Depuis la naissance de son enfant, elle se sent très seule et son couple bat de l'aile. Elle ne peut se reposer sur son mari et se sent lâchée.

La mère déprimée utilise son enfant comme un objet qui lui permet de lutter contre la dépression, c'est pourquoi sa proximité permanente lui est nécessaire. Cela n'autorise guère son enfant à se décoller d'elle sans anxiété. L'enfant a peur, en la lâchant, qu'elle ne s'effondre, il la tient, la renforce, l'étaie par son collage incessant.

« Le seul moment chez nous où les enfants jouent tout seuls, c'est dans le bain », confie cette maman qui n'en peut plus et avoue que son mari et elle sont complètement « dédiés » à leurs enfants. Ils se consacrent au culte de leurs enfants et ceux-ci ne sont pas habitués aux frustrations, d'où leur demande incessante d'avoir leurs parents dévoués à eux, corps et âme.

Quand l'enfant est plus grand, autour de trois ans, il peut aussi s'accrocher au parent objet d'amour œdipien pour que celui-ci ne puisse accéder à son compagnon, rival œdipien.

Il ne sait jamais comment s'occuper tout seul

Malgré des tonnes de jouets, la télé, une chaîne hi-fi, un jeu vidéo, une Game-Boy ou un ordinateur, sur lesquels se jettent la plupart des enfants, certains tournent en rond et s'ennuient à longueur de journée. Ils n'arrivent pas à s'occuper, à jouer ou à ne rien faire, ils se lamentent et viennent soit solliciter leurs parents pour jouer avec eux, soit brandir l'ennui qui les taraude et finit par nous envahir, nous phagocyter.

Nos enfants ont pris l'habitude d'appuyer sur un bouton pour se distraire, mais, avant tout, pour se distraire d'eux-mêmes. C'est pourtant dans ce temps libre, non balisé par le quotidien et ses contraintes, non occupé par la vidéo et l'informatique, que l'enfant peut trouver ses désirs à lui, rêver, s'évader. Dans notre société, où sont les temps « morts » qui autorisent la rencontre avec soi-même, qui donnent plus de vie en ouvrant la porte sur ses jardins secrets ? La lecture et la rêverie sont des moyens de s'approcher de soi-même, de son ressenti, des pulsions contradictoires qui bouillonnent au fond de soi, elles obligent à se forger ses propres images plutôt que d'être en face d'images toutes faites. Et je pense qu'un des facteurs de recrudescence des troubles du sommeil aujourd'hui est que ce n'est finalement que le soir, dans son lit, que l'enfant se retrouve avec lui-même, avec son agressivité, sa jalousie, ses angoisses qu'il n'a jamais le temps d'apprivoiser, face à son « ogre intérieur[1] », ce monstre qui lui fait très peur. Lors de la conquête du sommeil et de la nuit, il se retrouve dans un espace sans boutons, il est seul aux commandes de son vaisseau intime.

1. Christiane Olivier, *L'Ogre intérieur...*, *op. cit.*, 1998.

Et encore... les enfants sont de plus en plus nombreux à s'endormir devant la télévision de leur chambre.

Je suis très sensibilisée au fait que les enfants, les adolescents et les adultes sont devenus très dépendants de ces objets dont on les abreuve vingt-quatre heures sur vingt-quatre. Cette dépendance aux objets se double souvent d'une dépendance à l'adulte par incapacité à rester seul et à être bien avec soi-même, même en présence de l'adulte.

Il est, je crois, indispensable de ne pas toujours remplir le temps de nos enfants, ce qui suppose qu'on supporte d'entendre leurs éventuelles récriminations et lamentations dès qu'ils tournent en rond. Il est indispensable aussi de leur offrir des temps pleins de partage avec les siens et de découvertes. Combien d'enfants ne font rien le week-end si ce n'est la promenade, assis dans le chariot du supermarché ? Être parent implique d'ouvrir ses enfants au monde extérieur, de leur faire découvrir des mondes inconnus ou insolites, mais aussi de les laisser jouer [1], s'inventer des histoires, et même s'ennuyer pour mieux se trouver ou se retrouver.

Il faut toujours qu'on l'aide à faire ses devoirs

On a souvent l'impression que les parents n'ont pas d'autre vie que celle de la vie scolaire de leurs enfants et qu'ils vivent au gré des vicissitudes de cette scolarité : si les résultats sont bons, l'ambiance familiale sera détendue, voire joyeuse, mais s'ils sont mauvais, les parents vont plonger dans la grisaille de la morosité, les affres de l'angoisse quant à l'avenir de leur cher enfant ou dans les querelles entre eux sur la manière de s'y prendre pour améliorer ses

1. Le jeu est pour moi surtout tout ce qui n'est pas vidéo, tout ce qui laisse l'enfant inventer un monde qu'il construit ou détruit à loisir. C'est le *playing* et non le *game* avec des règles et des impératifs de performances : faire toujours plus et mieux.

résultats. L'enfant sent qu'il fait, avec ses notes, la pluie et le beau temps, dans sa famille et au sein du couple de ses parents. Que de pouvoir il a à sa disposition et, surtout, quelle lourde responsabilité il porte !

La scolarité ne laisse pas indifférents les parents parce que c'est l'avenir de l'enfant qui se joue là. À travers la scolarité de leur enfant, les parents peuvent trouver une revalorisation narcissique, une réparation : « C'est justement parce que j'ai eu des difficultés scolaires que je ne veux pas que mon enfant en ait. » Ce parent angoissé se montrera exigeant et se laissera d'autant plus volontiers dévorer par le travail scolaire de son enfant qu'il cherchera à réparer ses propres défaillances.

□ Une vie centrée sur l'école

« Je peux passer sur presque tout, mais pas sur le travail scolaire. »

Souvent, trop souvent, toute la vie de la famille tourne autour des devoirs faits ou non, des notes rapportées :

– le matin, on fait réviser les leçons, on vérifie le cartable ;

– au retour de l'école, les retrouvailles sont centrées sur le recueil des résultats et performances de la journée : « Ma mère, la première chose qu'elle me demande, ce sont mes notes » ;

– puis commence la bagarre pour faire les devoirs : « Le soir, on fait les devoirs et ça se passe mal »... « Je rentre à dix-neuf heures trente, je suis fatiguée, je voudrais que ça aille vite, les devoirs, et plus je veux que ça rentre vite et moins ça rentre vite ! » ;

– au dîner, on parle le plus souvent des résultats scolaires de la journée avec commentaires à l'appui des uns et des autres. Chacun doit rendre compte de ses performances. Certains sont fiers d'arborer leurs bons résultats comme des étendards tandis que d'autres, plus malchanceux, avouent avec beaucoup de réticence leurs mauvaises notes, surtout devant leurs frères et sœurs qui n'en ratent pas une et se réjouissent même des mauvaises performances du ou des rivaux. Si les uns en sont glorifiés, d'autres n'en seront que plus blessés. Je pense qu'on ne fait pas suffisamment attention à cette compétition dynamisante ou ravageuse qu'on entretient au moyen de la divulgation des palmarès de la journée : pour une bonne ambiance à table et pour ne couper l'appétit ni des parents, ni des enfants, il vaudrait mieux parler des notes à un autre moment qu'au dîner et seul à seul. Ce que les parents ont à dire à leur enfant à ce sujet ne regarde pas la fratrie ;

– au coucher : « Si tu ne dors pas, tu ne pourras pas bien travailler demain. » Avec cette injonction, on ne fait que renforcer les difficultés d'endormissement de certains enfants anxieux, plus ils s'inquiètent des répercussions négatives que le manque de sommeil va avoir sur leurs performances scolaires et moins ils arrivent à s'endormir. Il est important, au contraire, de dédramatiser et de ne pas noircir les conséquences de cet embarquement non immédiat au pays du sommeil ;

– les week-ends, l'humeur et l'ambiance familiales vont dépendre des devoirs qui restent à faire ou des révisions qu'il va falloir entreprendre pour rattraper ce qui n'a pas bien marché dans la semaine : « Le week-end, comme il traîne pour ses devoirs, on ne fait rien d'autre... » « Mon père, quand il me parle, il ne me parle que de l'école » ;

– les vacances peuvent être passablement gâchées par les fameux « devoirs » de vacances : rattrapage par rapport à tout ce qui n'est pas acquis ou préparation pour prendre de l'avance. Ils ne gâcheront pas l'humeur des petits et des grands s'ils sont proposés à l'enfant sur un mode ludique, s'ils n'entament pas trop la journée ou ne le privent pas d'activités auxquelles s'adonnent les autres enfants, s'ils sont l'occasion d'un échange détendu, d'un moment passé ensemble et qu'ils ne deviennent pas un pensum pour tous. Parlons également des cartes ou lettres que les enfants envoient à leurs parents : celles-ci ne sont pas des occasions de vérifier l'orthographe et les progrès, c'est un échange qui ne peut se transformer en notation ou évaluation quant aux progrès faits ou non. Si on s'exclame : « T'as pas honte ! » en relevant les fautes de la carte postale qu'il a envoyée, il est évident que l'enfant en écrira de moins en moins et se servira du téléphone plutôt que de son stylo. Oublions donc, à cette occasion, les fautes pour ne plus penser qu'au plaisir de cette communication écrite.

□ L'heure des devoirs

Le moment des devoirs est un moment délicat surtout s'il y a plusieurs enfants. Les grands vont rechigner si les petits peuvent jouer ou regarder la télévision. Les grands ne voient pas vraiment en quoi c'est bien de grandir. Les petits, quant à eux, aimeraient tant avoir du « travail » : il leur arrive d'en demander, pour faire comme les aînés, et surtout pour ne pas laisser leurs parents seuls avec eux. Ils se sentent exclus de ce moment qui réunit parent et enfant pour un tête-à-tête sérieux qu'ils n'ont pas le droit d'interrompre. Ils pourront aussi faire des bêtises ou pleurer pour attirer l'attention de ce parent capté par les aînés et leurs devoirs. Le petit pourra aussi bien accepter qu'on ne s'occupe pas de lui pendant ce temps-là et jouer tout seul. Mais s'il ne récupère pas un moment privilégié, avant ou plus tard, il se réveillera peut-être la nuit pour se le réapproprier avec l'un de ses parents dont il s'est senti injustement dépossédé ou oublié lors des devoirs des grands.

Certains enfants sont autonomes et font seuls leurs

devoirs. Et peut-être ceux-là se sentiront frustrés car personne ne viendra s'occuper d'eux. Les parents oublient parfois celui qui ne pose aucun problème, car ils se polarisent sur les troubles ou les ennuis de leurs autres enfants ; alors il développera parfois des symptômes (par exemple, l'énurésie ou des troubles du comportement) pour attirer, à son tour, l'attention de ses parents.

Et d'ailleurs, ne pouvoir faire ses devoirs seul, n'est-ce pas un moyen pour l'enfant de « retenir » son parent auprès de lui, ce parent qui ne se montre jamais disponible pour d'autres choses à partager, moins sérieuses ?

Combien de parents refont ainsi leur scolarité et sont au courant du programme scolaire *in extenso* ? « *On* fait les devoirs... *on* a encore des devoirs à faire... ce week-end, *on* a passé une partie de la journée à faire les devoirs ! » Qui est l'élève, qui a besoin d'apprendre, les parents ou leur enfant ? Les parents peuvent aider à certains moments leur enfant, mais ils devraient réussir à ne pas s'immobiliser, le temps des devoirs, à côté de lui. Rester aux côtés de son enfant, n'est-ce pas renforcer ses craintes, ne pas lui faire confiance, ne pas le laisser prendre en mains son propre travail et renforcer de la sorte sa non-assurance ? En classe, il se retrouvera seul et il n'aura pas d'adulte à côté de lui lorsqu'il rencontrera une difficulté. Si ce soutien ne devient pas de plus en plus léger, il devient une prothèse à vie dont l'enfant ne pourra plus se passer.

La dévoration qui s'installe à l'occasion des devoirs, sur un trop grand nombre d'années, ne peut que rendre les parents agressifs et excédés et polluer l'atmosphère familiale. Ils seront d'autant plus exigeants sur l'obligation de résultats qu'ils auront sacrifié de leur temps, de leur endurance et de leur patience. Voici ce que me disait un père amer et qui devenait très agressif avec sa fille de onze ans, de plus en plus bloquée : « Je suis tout le temps derrière elle pour le travail scolaire et je souffre. Je n'obtiens pas le résultat escompté avec ce que je lui donne. Les résultats ne sont pas proportionnels au temps passé. »

Est-ce l'angoisse des parents qui conduit à cet empiétement de la vie scolaire sur leur vie ou est-ce l'identification à leur propre enfant qui fait que chaque note est reçue comme leur propre note, susceptible donc d'apporter une gratification ou une blessure narcissique que chacun va gérer comme il peut ? « Il *m'a* encore rapporté des mauvaises notes », « Il ne me rapporte que des quatre »... Et s'il y a blessure narcissique du parent, elle s'ajoutera à la blessure que ressent déjà fortement l'enfant à cause de sa performance non gratifiante. Les blessures des uns et des autres s'amalgament et font que plus personne ne s'y retrouve. Au milieu de tous ces blessés du moi, l'humeur n'est plus à la joie mais à la guerre : c'est la bagarre avec les enfants, entre les parents, entre frères et sœurs, entre ceux qui ont de bons résultats et ceux qui en ont de moins bons, entre parents et enseignants, chacun empiète sur le territoire de l'autre et, faute de médiateurs, l'ambiance se détériore. Et une note, à elle seule, pourra engendrer des règlements de comptes avec ses enfants, ses propres parents et avec soi-même.

Il nous téléphone sans arrêt

□ La dévoration à portée de fil

Depuis longtemps, les téléphones permettent aux parents, et surtout aux mères qui travaillent, de rester en lien avec leurs enfants et de gérer à distance leurs journées. Si elles partent très tôt, les mères appellent leur enfant pour le réveiller ou s'assurer qu'il soit prêt à partir. Le soir, à l'heure de la sortie des classes, retentissent, dans les bureaux, les sonneries des écoliers prévenant qu'ils sont bien rentrés.

Avec le téléphone, les enfants dérangent aussi leur mère pour savoir comment s'habiller le matin si elle est déjà partie, pour les devoirs qu'ils ne savent pas faire, pour demander l'autorisation d'aller chez un copain et, aussi, pour arbitrer les banales et sempiternelles disputes fraternelles : « Il vient de me mordre... », « Il a cassé mon jouet... », « Il ne veut pas me laisser l'ordinateur, c'est pourtant mon tour... », « Il m'empêche de regarder mon émission... ». Deux frères qui se disputaient violemment dérangeaient leur mère, à son travail, près d'une quinzaine de fois par jour pour arbitrer des situations d'urgence, au point que leur mère, ne pouvant plus travailler sans trembler pour la vie de l'un ou de l'autre de ses fils, est venue me consulter.

□ Jamais sans mon portable !

Si les téléphones portables maintiennent le lien en continu entre parents et enfants, ils accroissent aussi la ligature et l'enfermement : les enfants, au lieu de développer leur autonomie, restent hautement dépendants de leurs parents. Plutôt que d'essayer de résoudre les difficultés qu'ils rencontrent, ils appellent aussitôt leurs parents avant d'essayer, par eux-mêmes, de les résoudre seuls. Cela ne les aide pas à grandir, entrave l'acquisition de la confiance en soi. Et les parents se sentent d'autant plus phagocytés. Il ne leur reste plus qu'à couper leur portable.

De plus, le portable s'inscrit dans le catastrophisme ambiant : si jamais il arrive quelque chose ! Au lieu d'aider l'enfant à se passer de nous (n'est-ce pas un des buts de l'éducation ?), on lui fait l'injonction contraire : tu ne peux pas te passer de nous, le monde extérieur est dangereux, tu ne dois pas t'éloigner de nous sans cette « bouée de sauvetage » auriculaire – sans cette perfusion auditive que ni l'enfant, petit ou grand, ni ses parents ne quittent dès qu'il s'éloigne un peu.

L'enfant ne peut parvenir à l'autonomie qu'en s'arrachant à l'illusion fusionnelle du début de la vie. Les portables, ou l'usage immodéré qui en est fait, maintiennent la fusion au lieu d'aider à la défusion. Comme dans le jeu de la bobine [1], l'enfant ramène indéfiniment vers lui sa mère avec son portable et ne la quitte plus. On fait maintenant des housses de portable, douces et pelucheuses comme des doudous.

Le plus souvent, « les parents offrent un portable à leur enfant pour l'avoir à l'œil, à l'oreille, avant même qu'il l'ait réclamé [2] ». En revanche, les adolescents en réclament un sans relâche et arrivent très vite, lorsqu'ils l'ont obtenu, à trouver les moyens de ne pas se laisser dévorer, eux, par leurs parents : soit ils le coupent, soit, grâce à la présentation du numéro, ils éjectent leurs parents en ne répondant pas, soit encore, si le numéro est masqué, ils ne prennent pas le risque d'y répondre. Avec cette nouvelle invention, l'adolescent y va de sa ruse pour ne pas l'avoir comme un fil à la patte, mais plutôt pour parvenir à ses fins, par exemple demander un supplément de quelques minutes pour rester à l'extérieur de la maison, annoncer son retard... Les parents, eux, n'éteignent surtout pas leur portable au cas où... on ne sait jamais !

Je retiendrai deux scènes de rue, significatives de la vie d'aujourd'hui et qui me laissent perplexe :

– une mère, sur le chemin de retour de l'école, en conversation sur son portable tandis que son jeune fils écoute son

1. Le jeu de la bobine ou « Fort-Da » a été décrit par Freud dans *Au-delà du principe de plaisir* (1920). Il y analyse le jeu de son petit-fils de dix-huit mois qui expédie au loin une bobine retenue par un fil en s'écriant : « *Fort* » (« Au loin »), puis « *Da* » (« La voilà ») : ce jeu symbolique répétitif permet à l'enfant de maîtriser départs et retours de l'objet d'amour qu'est sa mère.
2. Caroline Eliacheff, « La famille dans tous ses états », France Culture, 2002.

walkman : chacun est dans sa bulle sonore, chacun a une écoute ailleurs alors qu'ils viennent de se retrouver après huit heures de séparation ;

– un père qui tient son enfant par la main ou pousse une poussette avec un bébé et parle avec quelqu'un d'autre au bout de son portable.

Qui dévore qui ? Le portable, moyen de communication, peut aussi isoler et entraver la relation avec la personne avec laquelle on est, puisqu'on parle avec une autre, devant elle ! Le portable évite un face-à-face, parfois angoissant ou ennuyeux, avec son enfant. Le portable, comme le téléphone, permet d'être là tout en n'étant pas là.

S'il est, sans doute, indispensable que les parents offrent des forfaits limités à leurs enfants, il serait peut-être utile qu'ils songent aussi à limiter leur propre temps de communication en présence de leurs enfants. Ce portable n'envahit-il pas trop la sphère privée et n'entraîne-t-il pas un parasitage des relations parents-enfants ? Le portable peut interrompre, à tout moment, un dialogue avec l'enfant, on lui voue partout un culte et on l'honore à longueur de temps, il devient sacré au point de tout détrôner : on apprend aux enfants à ne pas couper la parole, mais on accepte les sonneries intempestives du portable qui vous suivent à la trace et vous interrompent, sans s'excuser. Les parents ne se laisseraient-ils pas plus facilement dévorer par leurs portables que par leurs enfants ?

6

Il nous envahit

Il me prend tout mon temps

« Les enfants sont chronophages ! » s'écrie une toute nouvelle mère, venant me consulter pour un bébé qui ne dort guère et lui laisse peu de répit. Il est vrai que ce vécu du bébé comme « bouffeur de temps » est très fréquent les premières semaines : « Je ne savais pas que c'était ça d'avoir un enfant, je n'arrête pas, je n'ai plus le temps de rien et pourtant je l'ai tellement désiré. »

La plupart des parents, on l'a vu, ressentent une très forte ambivalence : c'est un si grand bonheur et, en même temps, c'est tellement prenant. La vie change tout d'un coup : on est tenu de tout prévoir, on ne peut sortir comme ça. On est de garde la nuit, le plus souvent, appelé par son bébé qui a faim. La vie de chacun en est bouleversée. La surprise est d'autant plus grande aujourd'hui que les jeunes parents n'ont guère côtoyé de bébés jusque-là du fait de l'évolution de la société et de la disparition de la famille élargie. Souhaitons que le congé que peuvent maintenant prendre légalement les pères contribuera à alléger ces premières semaines après la naissance.

Peu à peu, les parents s'organisent, mettent en place des activités régulières : les repas, le change, le bain, les échanges, les jeux, les câlins, le sommeil, les sorties, balises qui rythment le quotidien des enfants et donc le leur. Puis ils réussissent tant bien que mal à dégager un peu de temps pour eux en se glissant dans les interstices de ce planning serré : « Ces bouts de temps volés qu'elle tente désespérément de raccommoder en vain [1]. »

Les parents qui restent à la maison se plaignent du manque de temps : « Ça fait quinze heures que je m'occupe d'eux, de six heures du matin à neuf heures du soir ! », me dit une maman à bout de souffle.

« Depuis ses enfants, elle a toujours quelque chose à faire. Toutes les mères le savent, même les plus aidées. Et pourtant, elle ne s'y résout pas, sinon elle saurait arrêter de se plaindre. Donc, sur tous les tons, elle dit qu'elle n'a pas le temps de faire du sport, de traîner, de lire, de voir des amies, d'aller aux expos – les fameuses expos des mères qui se plaignent de ne jamais y aller alors que, avant les enfants, ça les ennuyait au plus haut point [2]. »

De plus en plus de mères au foyer (les pères volontairement au foyer, je n'en vois ni n'en connais...) avouent, non sans culpabilité, qu'elles ont besoin de changer d'air, de sortir de la maison, qu'elles n'en peuvent plus, elles trouvent ça trop dur de rester avec des petits enfants autant d'heures sans avoir de relais pour faire autre chose, avoir des échanges avec d'autres adultes ou pour simplement souffler.

Et les parents qui travaillent, qu'en pensent-ils ? Jamais ils n'ont eu autant le sentiment de manquer de temps pour s'occuper de leurs enfants. Un cadre passe en moyenne onze heures et dix minutes (enquête IPSOS) hors de son domicile. Dans plus de la moitié des couples avec enfants, les deux conjoints rentrent après dix-neuf heures. Comment

1. Nathalie Azoulai, *Mère agitée*, *op. cit.*, p. 121.
2. *Ibid.*, p. 64.

gérer au mieux ces deux gros dévoreurs de temps que sont le travail et les enfants ? Les parents rentrent épuisés et ne peuvent vraiment bien profiter du temps qu'il leur reste. Il leur manque un sas de décompression pour récupérer avant de retrouver leurs enfants qui vont se jeter sur eux avec frénésie : « Ils ne nous laissent pas enlever notre manteau, ils nous happent après cette longue séparation de la journée », et c'est bien légitime. Rentrer chez soi, s'affaler sur son canapé et ne rien faire, est-ce pensable quand des petits bouts de chou s'agrippent à vous et ne vous quittent plus ? Pourtant, c'est souvent ce à quoi on aspire si l'on a fait un long trajet, debout dans les transports en commun, comprimé dans la foule, si l'on était dans sa voiture, immobilisé dans les embouteillages, ou si l'on ne se remet pas du rendez-vous ou de la réunion qui se sont mal passés.

Les mères qui s'organisent pour être disponibles le mercredi placent souvent beaucoup d'espoir dans ce temps qu'elles peuvent leur accorder et sont d'autant plus déçues de voir que les relations avec leurs enfants ne s'améliorent pas pour autant, que les résultats scolaires ne semblent guère plus satisfaisants ou que l'agitation de leur enfant ne diminue pas. « Mais à quoi ça sert que je sois avec eux le mercredi ? » Ce temps qu'elles octroient à leur enfant, ce temps sacrifié ne sert pas à grand-chose, en apparence.

□ Il est si lent

« Tout prend du temps, il faut intervenir pour le faire se dépêcher, il est ailleurs, il n'a aucune notion de l'heure, aussi c'est la course et l'énervement pour tout, il me tue, toute l'énergie que je dois dépenser pour qu'il soit prêt à l'heure ou pour qu'il fasse quelque chose... Est-il dans ses rêves, ailleurs ? Pourquoi ne peut-il faire seul sans qu'on soit sur son dos ? »

Il est difficile de rester calme quand les enfants traînent au petit-déjeuner, rechignent à s'habiller ou contestent la tenue choisie par eux la veille, s'opposent au moment de partir : « Tout le cirque pour choisir une robe, neuf fois sur dix, ça ne va pas, c'est pas la bonne couleur. Alors, ou on a le temps ou on ne l'a pas. »

Cette lenteur épuise les parents, qui portent leur enfant et sont obligés de le surveiller pour tout : pour qu'il soit prêt à l'heure le matin, pour qu'il se lave, pour que les repas ne deviennent pas interminables...

Chaque enfant a son rythme, certains sont rapides, d'autres ont besoin de prendre leur temps et il faut s'y adapter. Mais comment garder son calme quand les contraintes des horaires sont là ? Et n'est-ce pas aussi une manière pour l'enfant de s'opposer indirectement par l'inertie ? Il est plus difficile de crier sur quelqu'un qui semble ailleurs, dans ses pensées, qui ne dit pas non directement que sur quelqu'un qui manifeste vraiment son opposition.

La lenteur renforce la lenteur : en effet, pour aller vite, on fait à sa place parce qu'on n'a pas le temps d'attendre et du coup, l'enfant ne progresse pas, il n'a aucune confiance en lui, il rechigne donc de plus en plus à le faire et ses parents s'épuisent.

On rencontre aussi des enfants lents parce que surprotégés. Ce sont ces enfants auxquels on fait tout à leur place alors qu'ils ont passé l'âge et savent le faire eux-mêmes : on les lave, on leur fait leurs devoirs ou prépare le cartable, on gère minute par minute ce qu'ils ont à faire. Ces enfants dépossédés de leur corps, complètement pris en charge, n'osent bien sûr pas se lancer ni affronter les difficultés seuls. Aussi sont-ils en général maladroits et d'autant plus lents.

□ Ce sont les parents qui sont pressés

Quelle est la phrase qu'on entend le plus dans la bouche des parents ? « Dépêche-toi ! » ou « Vite, on n'a pas le temps ! » Je me souviens, quand j'accompagnais mes enfants à l'école, d'une mère que je croisais souvent en revenant de la maternelle et du primaire, que j'ai vue courir, chaque matin, pendant des années, avec son enfant, d'abord en poussette pour aller plus vite, puis en le tirant par la main quand il a été plus grand. Je pense également à ces patients adultes en analyse qui racontent combien, tous les matins, cela les angoissait d'arriver juste à la fermeture de l'école. Ça ne peut pas être la course tous les matins !

Je me souviens d'avoir vu dans une bande dessinée une mère dire à son enfant qu'elle n'a pas le temps et celui-ci lui rappeler qu'elle est *sa* mère...

Les choses importantes que l'enfant a sur le cœur ne peuvent se dire que lorsqu'on passe suffisamment de temps avec lui, dans l'écoute et la disponibilité, non sur le pas de la porte ou au retour du travail ou de l'école, en l'interrogeant sur le déroulement de sa journée. L'accompagnement à des activités extrascolaires ou à des rendez-vous médicaux peut être propice à ces moments d'échange qui seront encore plus riches si le parent est seul avec son enfant. Il se confiera peut-être plus volontiers lorsqu'on l'essuie au sortir du bain, qu'on lui fait un câlin ou qu'on rit avec lui, plutôt que si on lui lit un livre éducatif ou si on lui fait faire ses devoirs en s'énervant. Les enfants parlent aussi quand ils sont à l'arrière de la voiture : comme on ne se voit pas, ils s'expriment plus facilement, mais à condition qu'on ne mette pas la radio ou de la musique pour les occuper...

Il arrive souvent que les enfants aient envie de nous parler au moment même où nous, nous n'en avons pas le temps, ou pas l'envie, alors comment ne pas rater ces occasions ?

« Je culpabilise de ne pas avoir de temps pour mes filles et quand j'en ai, je fais des trucs pour la maison », me dit cette mère, exprimant toute son ambivalence, son envie et peut-être sa non-envie.

« Je veux passer du temps avec mes enfants mais je culpabilise de n'être pas dans la joie, toute la journée, avec eux... J'aimerais bien être aussi bien avec eux que quand je fais ma peinture. »

On a là un aperçu du dilemme des mères partagées entre leurs enfants et le désir d'une réalisation personnelle, et de la culpabilité qui en découle. Même si elles passent du temps avec leurs enfants, elles comparent les satisfactions qu'elles en tirent avec celles d'une activité qu'elles ont choisie. La peinture est une source de créativité pour soi alors que s'occuper de ses enfants est d'une tout autre nature.

□ Un manque qui n'aura qu'un temps

Cette quête de temps fait que, lorsque nos enfants ne sont plus avec nous, ne serait-ce que quelques heures, un soir, quelques jours ou quelques semaines, nous avons l'impression d'être en vacances : il n'y a plus la contrainte des horaires ponctuant le quotidien, il n'y a plus la responsabilité permanente et écrasante, il n'y a plus leurs demandes incessantes de les regarder pour admirer leurs prouesses : on ralentit le rythme, on se retrouve à boire ces premières gorgées de temps libre avec délice.

Mais certains parents ressentent vite un grand vide, leur temps n'est plus rempli de leurs enfants et ils ont du mal à se l'approprier alors qu'ils en rêvent toute l'année. C'est comme si leur temps était devenu la propriété de leurs enfants et qu'ils n'en avaient plus l'usufruit.

Le manque de temps est une plainte qu'on entendra encore de longues années, car s'occuper de ses enfants prend du temps et on ne peut en faire l'économie. Mais cela ne dure qu'une période. Au fur et à mesure que l'enfant grandit, il apprend à mieux se protéger en intégrant les interdits qu'on lui a mis, en assumant son quotidien lui-même. Et de plus en plus de relais s'occupent de lui : gardes, école, activités. Ce sont surtout les premiers mois et les premières années de vie qui sont vécus comme dévorants, proportionnels à la fragilité du bébé et à son impossibilité de se protéger lui-même. Au fur et à mesure qu'il grandira, gagnera en autonomie, les parents pourront trouver un peu plus de temps pour eux.

Quand les enfants ont grandi et qu'ils quittent la maison, les parents se retrouvent avec du temps libre : paradoxalement, ils ne savent plus qu'en faire, après l'avoir donné si généreusement pendant tant d'années. C'est un passage délicat, un virage à négocier, une libération certes, mais seulement à condition d'avoir renoncé à son rôle de parent tel qu'il était jusque-là, à prendre conscience d'une nouvelle place auprès de ses enfants. Cette réadaptation prendra plus ou moins de temps à chacun.

Il prend toute la place

Il est significatif de voir comment les familles gèrent leur espace : un espace commun, de convivialité ou, au contraire, des espaces bien cloisonnés ? Dans cet aménagement se projette toujours le fonctionnement familial avec ses lois ou son absence de lois, sa souplesse ou sa rigidité, la place et l'histoire de chacun.

« Elle squatte partout, il y a des jouets dans le bureau, le salon, la cuisine. On n'ose pas lui dire d'aller à l'écart. On a peur de lui faire du mal alors qu'elle a déjà beaucoup souffert en couveuse et été intubée pendant un mois et demi. » Léa, qu'on a déjà rencontrée, était une enfant prématurée et a perdu sa jumelle quinze jours après la naissance. Pour ses parents, limiter son espace serait comme limiter son espace vital, ce serait risquer de lui faire un mal supplémentaire, de la faire un peu mourir. Et l'avoir tout le temps avec soi, être envahie par elle dans l'espace, n'est-ce pas rassurant pour cette maman qui a perdu son autre fille ?

□ Les portes

Les portes ont une fonction importante dans le fonctionnement familial et permettent de poser des limites. Fermer la porte de la chambre conjugale est une façon de montrer que les parents souhaitent être tranquilles, dans l'intimité et qu'il est des moments pour eux seuls. Aux enfants de fantasmer et de s'interroger sur ce qui s'y passe. Nombreux sont les parents qui, laissant leur porte ouverte, s'offusquent que leurs enfants entrent dans leur chambre. Parfois, celle-ci devient un espace convivial, surtout si l'unique télé s'y trouve : toute la famille la regarde sur le lit conjugal, y mange parfois ou y joue. On peut même y endormir les enfants avant de les emmener dans leur lit. Certains parents s'en plaignent, tout en laissant faire. Mais l'amour a besoin de frontières pour marquer l'altérité de chacun, les territoires, et éviter l'empiétement et la confusion des générations.

Il est des familles où il n'est pas toléré de fermer les portes et encore moins les portes des chambres quand chacun a la chance d'avoir la sienne. La transparence est implicitement requise, il n'y a pas d'espace intime, on est tout le temps sous le regard de l'autre : « Il n'a rien à me cacher... je n'aime pas qu'il ferme sa porte », disent des parents, ou « Je n'aime pas quand ma porte est fermée », disent certains enfants ou adolescents. Les familles qui occupent des lofts, espaces largement ouverts, finissent pourtant avec le temps par aménager des séparations. D'autres familles, au contraire, ont du mal à échanger et les portes resteront plus souvent fermées. Il est de toute façon important, pour les parents comme pour les enfants, d'avoir la possibilité de fermer sa porte et d'oser le faire à certains moments sans que cela soit vécu, par l'autre, comme une rupture du lien ou une agression. Et dans les moments de conflit, quel bonheur de claquer la porte !

Une famille laissera envahir tout son espace. Une autre le cloisonnera plus ou moins. L'envahissement de l'espace de l'un ou de l'autre, les conflits suscités par cette gestion mouvante et difficile des espaces conviviaux et des espaces d'intimité viennent ponctuer une des facettes de la vie de famille.

□ Son hyperactivité

« Calme-toi ! Arrête un peu ! » Qui n'a pas entendu ces injonctions répétitives de parents exténués par leur enfant qui bouge tout le temps ?

L'hyperactivité est une agitation extrême, une instabilité psychomotrice incessante qui exténue l'entourage et qui en vient à le persécuter. Ce sont ces enfants qui « zappent » d'une activité à une autre, qui ont beaucoup de mal à se concentrer longtemps.

On peut considérer l'hyperactivité soit comme une maladie (de l'avis des neurologues et de certains psychiatres), soit comme un symptôme (de l'avis des psychanalystes et pédopsychiatres). Les premiers prescriront un médicament pour calmer l'enfant, tandis que les seconds s'interrogeront sur le sens de cette agitation extrême. Pour Bernard Golse [1],

1. Bernard Golse, dans une interview au journal *Elle*, sur « Agitation autour de la Ritaline ».

parmi les enfants étiquetés hyperactifs, tous ne sont pas des cas extrêmes, un certain nombre sont déprimés ou ont été pris dans un fonctionnement familial pas assez sécurisant au début de leur vie (à cause de problèmes familiaux, comme la dépression de l'un des parents ou encore un deuil). « Ces enfants se sont construit des défenses par l'agitation, ils ont envie de montrer qu'ils sont vivants. Il n'est pas question pour autant d'incriminer les parents, ils se seraient bien passés de ne pas aller bien et ne peuvent en aucun cas être tenus pour responsables. » Caroline Eliacheff parle d'« un trop de vie qui répondrait à un moins de vie [1] », pour ces enfants qui surréagissent avec des mères dépressives.

Je reçois deux parents abattus avec leur petit garçon de quatre ans, Sylvain. Après avoir testé d'abord quelques interdits, il joue calmement dans mon bureau pendant que ses parents me content ses frasques : « Il bouge beaucoup, il est très nerveux, je suis prête à partir, à prendre ma valise, je n'en peux plus. Je crie, je m'emporte, je tape. Il m'en veut peut-être d'aller travailler, je pense. » La mère de Sylvain se culpabilise de ne pas être suffisamment là et donc de provoquer, chez lui, ce comportement d'agitation, signe de souffrance. Il faut dire qu'elle s'est à nouveau retrouvée enceinte quand il n'avait que quatre mois, qu'elle rentre tard de son travail, plus tard que son mari, et qu'elle a de gros conflits avec ses parents qui la minent. Sylvain attire son attention avec les moyens dont il dispose.

« Anna n'arrête pas, de six heures trente du matin à vingt-trois heures, elle ne peut se concentrer sur un jeu, elle court tout le temps mais, à l'école, elle est très sage. » Le fait qu'Anna puisse se contenir à l'école montre que ça n'est pas une enfant hyperactive, elle n'est agitée que chez elle :

1. Caroline Eliacheff, « La famille dans tous ses états », France Culture, 2002.

c'est certainement en lien avec le type de relation qu'elle a avec ses parents qui ne l'apaise pas, donc l'angoisse et l'agite.

□ Il envahit mon corps

On voit des bébés qui, dès qu'ils peuvent tendre leurs mains vers le visage de l'adulte, lui tirent les cheveux, les oreilles, le griffent sans que celui-ci y mette la moindre limitation, même si ça lui fait mal. L'interdit de franchir la peau de l'autre, de l'effraction corporelle, doit se faire dès les premiers six mois. Sinon, on voit des petits enfants de deux-trois ans qui s'emparent du corps de leur mère d'une façon impressionnante et qui met mal à l'aise : ils l'enlacent, lui mettent les bras autour du cou, lui font des baisers, soulèvent son pull, mettent la main dans son corsage pour toucher ses seins sans qu'elle les arrête. Elle est toute à eux ! Ou encore qui mordent leur père, le tapent, lui sautent dessus, le poussent de son siège sans qu'il ne dise quoi que ce soit. Ces enfants mordront les autres enfants et seront étonnés alors des réactions que cela suscitera tant auprès des enfants qu'auprès de leurs parents ou du personnel qui s'occupe d'eux.

Il nous gâche même les vacances

Écoutons ce père exaspéré : « C'est usant. On est aux aguets, ça donne une mauvaise ambiance, ils se disputent tout le temps. On essaie de faire en sorte qu'ils ne se retrouvent pas vingt-quatre heures sur vingt-quatre ensemble et, quand ils le sont, ils répondent à la place de l'autre, lui coupent la parole, ne choisissent qu'en fonction de ce que l'autre a choisi ou non. On hésite à repartir tous ensemble. »

Cette réflexion résume ce qu'on entend souvent sur les vacances et les conflits quotidiens alors qu'on n'a envie que d'une chose, souffler, connaître une suspension des hostilités pour que tout roule.

Comment transformer ce temps libre en temps partagé où tout le monde trouve son compte et faire que ni les uns ni les autres n'aient l'impression de se sacrifier ? Un sacrifice ne peut que sécréter amertume et frustrations. S'occuper tous ensemble, s'occuper séparément, prendre du plaisir ensemble, avoir le temps de ne rien faire, traîner ou au contraire remplir la journée et faire le maximum de choses... chaque famille régulera, à sa façon, ce temps familial. Temps de retrouvailles, émaillé inéluctablement de temps de conflits. Ne pas se dévorer les uns les autres, respecter les besoins de repos des plus petits et les siens propres.

Une mère me racontait qu'en vacances elle n'était plus la même : rien ne lui importait plus, elle ne s'énervait plus, elle n'avait plus d'exigences envers ses enfants, elle les laissait libres. C'était, pour elle, la vacance du pouvoir éducatif !

Les vraies vacances pour certains parents, c'est quand ils sont sans enfants, quand ils les ont confiés à d'autres bras, chez les grands-parents ou d'autres membres de la famille, chez des amis ou en colonie. Déchargés de leur responsabilité, de leur obligation de courir pour rentrer, de la nécessité de respecter des horaires rigides, ils peuvent enfin improviser des programmes selon leurs désirs.

D'autres parents vivent pourtant si mal l'éloignement temporaire de leur enfant et en ressentent un tel vide que, paradoxalement, ils ne parviennent pas à profiter de ce laps de temps qui leur est offert. Ils comptent les jours et guettent le moment des retrouvailles. Ils se sentent comme rongés par le vide laissé par leur enfant, ils se construisent des scénarios catastrophes malgré les nouvelles quotidiennes distillées sur Internet ou par téléphone, le monde extérieur étant alors vécu comme forcément dangereux. Ils déplacent en fait leur propre agressivité sur le monde extérieur, car il leur est difficile de l'identifier.

Il nous empêche de nous retrouver

« Il nous bouffe, on se bouffe à cause de lui. ». Comment maintenir et retrouver sa vie de couple après l'arrivée de son bébé ? La venue d'un enfant implique une réorganisation de la vie et un passage de deux à trois qui n'est pas évident : comment faire pour que chacun garde sa place sans pousser l'autre ?

Il est des familles où l'arrivée d'un seul enfant rend difficile la vie de couple, tant les parents se laissent envahir, et d'autres où plusieurs enfants ne les empêchent pas de poursuivre allégrement leur vie d'adultes. Ils savent maintenir un équilibre entre des temps familiaux et des temps conjugaux et ne laissent pas les uns déborder sur les autres.

□ L'enfant source de conflits

Quand un enfant n'est pas désiré avec la même intensité par ses deux parents, l'investissement de chacun sera différent ainsi que la tolérance à la dévoration. L'un se laissera peut-être trop facilement dévorer par cet enfant-là pour une raison propre à son histoire tandis que l'autre trouvera cette attitude incompréhensible et intolérable. Il ne s'y retrouvera pas et sentira sa place menacée par cet enfant qui prend trop de place.

La venue d'un enfant oblige aussi à se situer et à poser des valeurs dont le couple n'avait pas forcément discuté jusque-là. Les parents ne sont pas forcément d'accord, n'ont pas les mêmes exigences. L'un sera plus tolérant que l'autre sur certains points, mais plus exigeant sur d'autres.

Les modèles parentaux de chacun jouent un grand rôle dans ces décisions que nous prenons pour nos enfants et dans notre façon d'être parent : par exemple, un mari ayant eu un père très présent sera probablement un père semblable ; si sa femme a eu une mère distante et peu affective, elle aura du mal à s'occuper de ses enfants. Ce mari deviendra peut-être un papa poule pour compenser ce que sa femme ne fait pas et n'arrive pas à leur donner.

Des mères me rapportent souvent que leur mari n'intervient pas pour des choses qu'elles considèrent, elles, comme importantes ou graves, mais réagit pour des choses qui leur paraissent insignifiantes. Il semble, on l'a vu plus haut, que les hommes interviennent davantage quand leur enfant les dérange que dans un but éducatif.

En tout cas, ce qui est certain, c'est que chacun a ses tolérances, ses agacements, son histoire, ses soucis et sa disponibilité qui sont loin d'être semblables. Les disputes entre parents sur la façon d'agir et de réagir avec ses enfants font partie des aléas de la vie de famille et l'on sait très bien que la venue d'un enfant n'a jamais colmaté miraculeusement les brèches d'un couple préexistantes à sa venue, au contraire. On ne peut élever un enfant sans faire l'économie de la pose de limites et de la transmission de certaines valeurs. Et la gestion des conflits qui en découleront se fera de façon plus ou moins consensuelle entre les parents.

En période œdipienne, autour de trois-quatre ans, ou à l'adolescence avec la réactivation de l'Œdipe, l'enfant aime jouer à l'artificier pour provoquer un désaccord entre ses parents, il allume alors, comme le pyromane, des feux censés dévaster le couple. Il espère ainsi peut-être conquérir le parent de sexe opposé et supplanter son rival.

□ Du temps pour l'autre

« On n'arrive pas à se parler, il nous interrompt continuellement. Si on a un geste de tendresse ou qu'on se rapproche, il veut se mettre entre nous... »

Il n'est pas facile de trouver la juste mesure pour vivre sa vie de couple et faire de la place à ses enfants. Réussir, suivant les moments, à privilégier ses enfants et, à d'autres, à privilégier le couple et ses échanges.

Les enfants se plaignent souvent que leurs parents, à table, ne parlent que de leur travail et de leurs soucis et qu'eux ne peuvent placer un mot ou que leurs parents, scotchés devant le journal télévisé, n'écoutent pas ce qu'ils disent. Pourquoi, dans une grande partie de notre pays, dîne-t-on devant ce sacro-saint journal télévisé qui renforce la noirceur du monde et du même coup la noirceur de la nuit ? Je comprends les enfants qui feront tout leur possible pour en détourner leurs parents et montrer qu'ils sont là, eux aussi, tandis que d'autres se tairont par crainte de déranger et d'en subir les représailles.

Certains parents se plaignent de leurs soirées avortées, écourtées à cause de difficultés d'endormissement qui les mobilisent très tard. « Je lui en voudrai toujours de nous faire rater les soirées, ça me gêne plus que les nuits, on a à peine le temps de se retrouver, de faire des choses pour nous », dit ce père.

Et une fois leurs enfants endormis, les parents sont tellement épuisés par leur journée de travail et ce qu'ils ont donné à leurs enfants qu'ils peuvent avoir du mal à se retrouver.

Le week-end, certains parents se consacrent à leurs enfants car ils ne les voient guère de la semaine. Pourtant, il est bon qu'un couple sorte seul ou parte pour quelques jours sans ses enfants. J'ai déjà vu en consultation des parents qui n'avaient jamais, depuis la naissance de leurs enfants déjà grands, donc depuis quatre-cinq ans, voire dix, pris une soirée ou quelque temps sans eux. Pourquoi se laissent-ils aussi facilement dévorer ? Un couple qui a envie de se retrouver met des limites et prend du temps pour lui.

En revanche, je m'interroge sur les parents qui se séparent si facilement de leur bébé après la naissance, quelques jours, voire quelques semaines, pour partir, souffler, se retrouver. Dans les premiers mois, la décision de se séparer du bébé plus de quelques jours est délicate. On sait aujourd'hui, d'ailleurs, combien sont douloureuses pour lui les séparations précoces. Parfois elles sont indispensables, s'il a besoin, par exemple, d'être hospitalisé. C'est d'ailleurs pourquoi se développent de plus en plus à l'hôpital des chambres où l'un des parents reste avec son bébé. Mais quand on peut les éviter, pourquoi précipiter ce moment ? Les deux parents sont-ils vraiment d'accord ? L'un des deux n'est-il pas réticent ? Comment tel homme supporte-t-il ce rival de quelques kilos ? Craint-il de ne plus avoir sa femme-maman qu'il lui faille l'embarquer aussi vite et aussi loin ? Et cette nouvelle femme a-t-elle si peur de son nouveau rôle de mère ? Manque-t-elle de confiance en elle au point de préférer passer le relais à des « com-mères » (mère ou belle-mère) qui sauront mieux ou aussi bien qu'elle ? Ou a-t-elle tant de mal à se faire entendre de son compagnon qu'elle se sent en devoir de partir, même complètement tiraillée ? Quand tout se passe bien, une jeune mère est en empathie avec son bébé. Elle sent son désir et ses besoins. Mais cet état de proximité connaît bien des aléas : le bébé et ses parents ont besoin de temps pour faire connaissance, se découvrir, « s'accorder » (comme des musiciens s'accordent avant un concert). Même si cette période ne laisse guère le temps de souffler, elle est indispensable aux deux parents.

C'est le temps où ils sont sollicités, convoqués autour du berceau. Leurs nuits sont raccourcies. Il leur faut décrypter les énigmes de ce petit être qui les emmène sur les terres oubliées de leur enfance ou les embarque dans des contrées inconnues qui leur font peur. C'est aussi une période où des fantômes surgissent sur la page blanche de leur bébé. Auront-ils envie de fuir ces fantômes qui ne les lâchent plus, ou préféreront-ils rester au chevet de leur bébé-énigme pour apprendre jour après jour à déchiffrer la grammaire de ses pleurs et de ses réconforts ?

Des vacances sans enfant prises très tôt après la naissance sont rarement réussies : l'un des deux parents sera plus taraudé que l'autre par le bien-être de son bébé et aura besoin d'appeler plusieurs fois par jour pour prendre de ses nouvelles et maintenir le lien, même à l'autre bout du monde. Peuvent-ils avoir vraiment l'esprit libre ? Des années plus tard, on entend souvent l'un des parents parler de cette culpabilité toujours vive d'avoir laissé son bébé si tôt.

7

Être parent

Reconnaître ses sentiments négatifs et les accepter

Nous baignons aujourd'hui :

– dans le fantasme de la femme toujours fringante, en pleine forme, se partageant entre ses enfants, son mari, son activité professionnelle, ne montrant jamais ni agacement, ni débordement, ni exaspération, ni fatigue, ni plainte mais, au contraire, du calme, de la disponibilité, étant tout amour pour les siens, la mère célébrée de la fête des mères ;

– dans le fantasme de l'homme dynamique, se partageant entre sa femme, ses enfants, son travail et jonglant allégrement entre portable, poussette, jouets et dossiers ;

– dans le fantasme de la famille « Ricoré » (au petit-déjeuner) où tout baigne, où le soleil brille et où tout le monde, il est beau, gentil et joyeux.

Pourtant l'amour parental est paradoxal : si on a le désir d'être parents, si on fait tout pour le devenir, on n'en trouve pas moins ses enfants encombrants à certains moments.

« Ce qu'elle voudrait, c'est ses enfants petits, rivés à son amour, et sa liberté intacte, sa jeunesse et leur indépendance ; bref, qu'ils soient là sans être là tout en étant là [1]. »

---

1. Nathalie Azoulai, *Mère agitée*, *op. cit.*, p. 69.

En vérité, nous sommes surtout dévorés par nos sentiments ambivalents, notre oscillation entre l'amour et l'hostilité et la culpabilité qui en découle.

« Ce n'est pas la haine qui détruit mais son occultation en soi. Car hélas la nier ou l'expulser sur les autres n'est pas la faire disparaître, mais au contraire la faire se propager de façon insidieuse ; la haine, celle dont on ne veut rien savoir est là, tapie au cœur de soi, de vous, de moi, d'autant plus agissante qu'elle n'a pu être domestiquée et canalisée et elle utilise alors tous les masques de "l'amour" et de l'idéal pour, abîmant et pervertissant les relations personnelles, détruire plus sûrement[1]. »

La culpabilité et l'ambivalence que ressentent les mères sont, selon Winnicott, un élément capital qui les rendrait responsables et sensibles aux besoins de leur enfant. Peut-être, mais la culpabilité, ça pèse toujours lourd.

□ Le droit de se sentir dévoré

Se sentir dévoré par ses enfants, à certains moments, c'est normal. Ça fait partie de la vie de se sentir énervé, « bouffé » de temps en temps par ceux avec lesquels on vit. Ce qui est plus inquiétant et regrettable pour l'enfant et soi, c'est quand on donne en se perdant, en se sentant constamment dévoré, débordé. Quand on n'y arrive pas, qu'on ne peut pas supporter. Quand on ne vit plus, quand on se sent usé et qu'on n'arrive plus à prendre du plaisir avec lui, à laisser passer des marques d'amour et de tendresse.

Il est vital, pour un parent, de s'autoriser à exprimer les sentiments qu'il ressent comme négatifs : exaspération, souffrance, rancœur, ras-le-bol, solitude, contradictions, dilemmes, colère, agacement, déchirement, culpabilité,

1. Nicole Jeammet, *Les Violences morales*, Odile Jacob, 2001.

aspiration à faire autre chose ou à souffler. Pouvoir les exprimer, les faire entendre à son partenaire, mari ou femme, ou à un autre adulte pour s'en décharger, s'entendre dire que ce n'est pas si grave, que c'est normal. En les reconnaissant, on peut mieux les accepter et donc moduler ses réponses, les maîtriser. Un parent a ses limites, il n'est pas tout-puissant, il a le droit de se sentir dévoré de temps à autre. Plus il pourra l'exprimer et partager son ressenti et ses exaspérations, moins il les refoulera et les fera supporter à son enfant. Trouver une oreille attentive qui ne culpabilise pas, ne pas avoir peur de confier momentanément son enfant à quelqu'un d'autre. Éviter surtout d'en arriver au sacrifice.

Derrière un sacrifice, il y a toujours, plus ou moins, une destruction de celui qui le fait et qu'il finira par faire payer à ses proches : « Je n'abandonnerai jamais mon métier, ce serait m'amputer de quelque chose, je ne serai pas meilleure mère en ne travaillant pas » ou bien : « Je ne veux pas être une matrone toute-puissante et martyre comme ma mère qui s'est sacrifiée pour ses enfants. »

« Je suis convaincu que les mères qui s'en sortent le mieux sont celles qui sont capables de céder au départ. Elles ont l'impression de tout perdre. Mais avec le temps, elles se rétabliront d'autant mieux que leurs enfants renonceront peu à peu à leur surenchère de revendications et se féliciteront de ce que leurs mères soient des individus à part entière comme ils sont eux-mêmes appelés à le devenir rapidement (...). Je suis fort optimiste pour ce qui est des mères qui décrient le combat acharné qu'elles mènent contre la horde envahissante de leurs enfants. En définitive, ce champ de bataille n'est pas jonché de cadavres ; il se peuple d'individus qui sont loin d'être des déshérités, des enfants à problèmes ou des délinquants. Bien au contraire : parvenus à l'adolescence, ils se débrouillent pour défendre tout seuls leurs intérêts. Et c'est au moment où vos enfants commencent à exister indépendamment de vous que vous pouvez en faire de même[1]. »

Moins on se sentira dévoré et moins on aura tendance à dévorer l'autre, son enfant en l'occurrence. Winnicott nous fait remarquer, comme le note Brazelton, « que ce qui va de travers paraît toujours ingrat alors qu'on passe outre ce qui se déroule sans anicroche. De sorte que la journée des parents semble encombrée par la foule des détails plus ingrats les uns que les autres de la vie quotidienne[2] ». Il est vrai qu'on entend plus rarement des parents rapporter les moments heureux passés avec leurs enfants ou les moments d'émotion intense qu'ils ont eus avec eux.

□ Accepter l'inconfort suscité par nos enfants

Nos enfants ébranlent notre pensée, titillent nos certitudes, chatouillent nos principes, stimulent notre imagination. Ils nous poussent à sortir de nos retranchements et à décliner notre identité. Par ce brusque afflux « d'ailleurs », ils mettent à mal notre toute-puissance.

La prise de conscience des sentiments et conflits qu'ils suscitent en nous nous pousse à nous interroger sur ce que nous avons ressenti à l'égard de nos propres parents et sur le petit enfant que nous avons été et à ne plus mettre indéfiniment de côté ce qui n'est pas réglé dans notre histoire.

L'enfant tape, à notre corps défendant, sur ce qui avait été mis de côté avec le refoulement. Il réveille des blessures qui semblaient cicatrisées. Il attire l'attention sur des zones d'ombre. Le passé apparaît au gré d'expressions

1. Donald W. Winnicott, *Conseils aux parents*, *op. cit.*, p. 117.
2. Terry B. Brazelton, préface au livre de Donald W. Winnicott, *Conseils aux parents*, *op. cit.*

qu'on retrouve, de ses comportements, de son développement, de ses oppositions ou revendications. Avec sa venue, on feuillette malgré soi les pages de sa propre enfance. Au milieu de pages fleurant bon le parfum de la tendresse, la suavité des câlins, les cascades de rires, affleurent des pages plus noires avec des colères en friche, des chagrins tus, des rages rentrées, des haines enfouies, des mots couperets qui humilient... Ce n'est pas notre enfant qui nous dévore, c'est tout ce qu'il charrie avec lui, malgré lui et malgré nous, ce n'est pas notre enfant qui nous fatigue, c'est ce contre quoi il nous oblige à lutter, ce sont les décisions qu'il nous oblige à chaque instant à prendre et que l'on prend pour faire pareil ou pour ne surtout pas faire pareil que nos parents. Notre enfant est un éveilleur de fantômes qu'on ne peut pas chasser à longueur de temps : « être parent... c'est un processus interactif permanent qui vient ré-interroger de façon incessante la préhistoire des différents protagonistes en même temps que l'apport de la situation actuelle [1]. »

« Avec mes enfants, je vois tout ce dont j'ai manqué, et ça me rejaillit à la figure... en voyant comment je les entoure, je réalise à quel point je n'ai pas été entourée », me confie une mère.

Le passé des parents, des adultes qui s'occupent d'un enfant, viennent se télescoper, se percuter ou se compléter et se renforcer. Chacun, n'étant pas chatouillé aux mêmes endroits par son enfant, réagira différemment et aura des tolérances ou intolérances que l'autre n'aura pas.

Dans l'éducation, on se laisse surtout envahir par tout ce qui n'est pas réglé pour soi et on risque de projeter sur son enfant, de lui attribuer des choses positives ou négatives qui ne le concernent en rien (par exemple identifier incons-

1. Françoise Jardin, in *Réalités pédiatriques*, n° 70, avril 2002.

ciemment son enfant à un père abandonnant ou à une mère maltraitante). Quelles sont les bonnes ou mauvaises fées qui viennent rôder autour du berceau et contre lesquelles chaque parent a à se battre pour les chasser quand, trop présentes, elles gênent l'instauration des liens avec leur enfant et rendent le quotidien difficile ? Comment l'enfant pourra-t-il trouver un espace de liberté dans ces espaces trop peuplés ?

□ Aimer, ce n'est pas tout donner et tout permettre

Être un bon parent, suffisamment dévoué, ce n'est pas tout accepter, c'est oser dire non, c'est aimer mais pas à n'importe quel prix. C'est se faire respecter et non se laisser dévorer sans fin. C'est donner sans se perdre.

Le bébé et l'enfant, gouvernés par le principe du plaisir, la réalisation immédiate de leurs désirs et la toute-puissance de leurs pulsions qui les débordent, ont besoin que l'adulte les contienne, diffère la réalisation immédiate de leurs désirs de façon supportable. Mettre les limites, être ferme, c'est dire non, dire simplement qu'on n'accepte pas que l'enfant fasse telle chose, ça diffère la réalisation immédiate de ses désirs (par exemple, « Va te laver ! » alors que l'enfant veut continuer à jouer) ou « Laisse-moi tranquille ! » : ça lui laisse une autonomie potentielle (il peut obtempérer, négocier, s'opposer en paroles ou en actes, le dialogue est possible), ça ne le blesse pas, ça ne le rend pas coupable, il n'a pas peur d'être abandonné ou d'être moins aimé. Aucun jugement n'est porté sur lui, il n'est ni humilié ni dévalorisé, on ne lui met aucune étiquette. Ce n'est pas pareil de dire à son enfant : « Mets la table » et « Mets la table, au moins tu feras quelque chose ! » Dans la seconde injonction, l'enfant sera blessé par cette parole qui l'enferme dans la catégorie de ceux qui ne font pas grand-chose et, là, il ne s'opposera pas forcément à la tâche demandée, mais principalement à l'adulte humiliant qui essaiera de s'arroger de la sorte un certain pouvoir sur lui, voire de l'emprise. Et l'enfant blessé répondra à l'adulte blessant.

Les aider à accéder peu à peu au principe de réalité et à la réalité extérieure, les sortir de l'illusion de la toute-puissance, telle est l'une des missions des parents. Les limites et les lois sont contenantes et donnent une sécurité existentielle. L'enfant comme l'adulte ne s'appuient que sur ce qui résiste. Donner des limites cohérentes et logiques, qui ne varient pas en fonction de la fatigue du moment, les délivrer au bon moment et les justifier. Les limites justement posées sont structurantes et non traumatisantes.

Un enfant auquel vous mettez fermement les limites sans l'agresser sera sécurisé, car bordé par des adultes respectueux de ce qu'il est : si une rivière n'a pas de rives, elle se transforme en marécage ! Il pourra s'opposer, montrer son déplaisir, mais il ne sera en aucun cas blessé dans son identité. Rasséréné, il pourra reprendre le chemin de la vie avec confiance, sans dévorer l'adulte. Ne sommes-nous pas tous, en fait, des parents maltraitants puisque nous nous opposons aux désirs immédiats de nos enfants ? Où commence la maltraitance ?

« Il n'y a pas d'amour vrai sans maniement adéquat de l'agressivité où peuvent se vivre le conflit, l'affrontement, la critique, et cela que ce soit dans des relations parents-enfants, des relations de couple ou des relations d'amitié [1]. »

Certains parents pensent le contraire et ne mettent pas de limites, frustrent le moins possible, s'efforcent d'être comblants pour séduire leur enfant. Est-ce vraiment le bien de leur enfant qu'ils recherchent ? Je ne le pense pas : ces

1. Nicole Jeammet, *op. cit.*, p. 20.

parents-là sont dans l'impossibilité de supporter de ne pas être aimés de leur enfant, ne serait-ce que quelques secondes, si celui-ci s'oppose, se met en colère, leur fait des reproches ou part. En se mettant à l'abri de toute attaque de leur enfant, ils se rassurent en se sentant toujours aimés. Ils se protègent de l'agressivité de leur enfant que celui-ci ne manquerait pas de leur manifester devant les interdits ou limites qu'ils lui imposeraient.

Le parent se protège aussi de sa propre agressivité et de sa violence intérieure : « J'ai tellement peur de ma violence que je fais tout pour ne pas y arriver, je mets les limites avant. » Sans conflit, il n'y a guère de risque pour qu'elle se dévoile. Il y a ainsi déni de sa propre agressivité et ça l'arrange bien : je ne suis qu'amour.

Le message inconscient que transmet le parent qui ne veut être que bon, c'est que finalement il ne supportera aucune attaque au risque de s'effondrer. L'enfant n'enregistre pas que son parent est bon, mais qu'il a un parent fragile, ce qui n'est guère rassurant. De plus, il perçoit que l'agressivité est très dangereuse puisqu'elle risque de détruire son parent. Il ne pourra pas décharger la sienne faute d'occasions de conflits et il sera perclus de culpabilité. Cette ambivalence non acceptée n'aide pas l'enfant à se construire.

Frustrer un enfant, et par conséquent provoquer un éventuel conflit, lui permet d'apprivoiser peu à peu sa propre ambivalence, les sentiments d'amour et de haine qu'il ressent pour la même personne, de ne pas être effrayé par ses sentiments : « Personne, pas même un bébé, ne fait l'économie des sentiments de haine, de rage ou d'envie et de la souffrance qu'ils occasionnent. Or si l'enfant est laissé seul avec ses sentiments négatifs sans aide pour les reconnaître et les domestiquer puisque toute la stratégie des parents est en effet de les ignorer, il sera vite débordé, submergé par des vécus de détresse l'obligeant à défléchir cette violence agissante, bien que méconnue en tant que telle, contre lui ou contre les autres[1]. »

Un parent qui ne reconnaît pas sa propre ambivalence, n'admet pas d'avoir de la colère envers son bébé ou son enfant, la transforme en peur excessive de ce qui peut lui arriver : peur qu'il ne tombe, peur de le lâcher, peur de le brûler ou peur qu'il ne s'étouffe la nuit, dans son berceau. Il le surprotège car il projette sur le monde extérieur l'hostilité qu'il a au fond de lui.

Le parent qui met les limites reconnaît son ambivalence : assuré de l'amour qu'il porte à son enfant, il n'a pas peur de sa propre colère, peut l'exprimer à son enfant sans remettre pour autant en cause l'amour qu'il lui porte. Il témoigne aussi qu'il supportera le conflit avec son enfant sans pour autant en être entamé ou détruit. Il lui montre ainsi que ça n'est pas dangereux d'exprimer ce qu'on ressent, même quand c'est de la colère. Le conflit entre parents et enfants est indispensable, aide à la défusion et à l'affirmation de chacun avec ses différences. Cette ambivalence reconnue et acceptée aide l'enfant à se construire.

« ... Il y a une violence minimale, inhérente à l'exercice de l'autorité. Souvent le parent se sent coupable d'être méchant... Si les parents ne répondent pas, l'enfant se sent coupable du succès de son agressivité et il va multiplier les bêtises pour obtenir une butée à ses désirs... L'autorité des parents est chargée de réguler les mouvements pulsionnels... et l'autorité est un marqueur des différences : s'il y a effondrement des limites, il y aura confusion identitaire et les petites différences seront surinvesties pour renforcer l'identité[2]... »

1. Nicole Jeammet, *op. cit.*, p. 14.
2. André Carel, « Le processus d'autorité dans la famille », Congrès national de thérapie psychanalytique, groupale et familiale, septembre-octobre 2000.

Mais les frustrations inhérentes aux limites que posent les parents ne sont supportables pour un enfant que s'il a fait, par ailleurs, le plein d'amour, d'expériences agréables de plaisir et de tendresse, partagés avec eux, que s'il est dans un environnement suffisamment sécurisant qui l'assure du retour de l'objet d'amour, quels que soient les conflits, et que les choses sont bien là où il les attend.

Mettre des limites dans un climat d'amour, de respect et de calme, et non de façon arbitraire, est indispensable au développement de la santé mentale de nos enfants. L'enfant, les deux premières années de sa vie, se croit dans la toute-puissance, son amour et ses pulsions agressives sont omnipotents : il a besoin que les adultes restreignent sa puissance et son agressivité, sinon il aura vraiment l'impression de les avoir détruits réellement. Un parent qui se sent tout le temps dévoré est comme un parent détruit par son propre enfant. Son enfant, sous le poids de la culpabilité, certain d'être mauvais, va être encore plus mal et plus insécurisé, et va donc encore plus le dévorer.

Être parent, c'est poser des limites qui soient toujours les mêmes et non pas fluctuantes en fonction de notre réceptivité. « Le jour où on est en forme, elle a le droit de tout. Le jour où on ne l'est pas, on ne cède pas » : comment l'enfant pourra-t-il s'y retrouver ?

Être parent, c'est poser des limites sans humilier son enfant, sans exercer de sadisme, c'est accepter sa propre ambivalence et les réactions d'agacement ou de colère que l'on peut avoir par moments, c'est ne pas avoir peur des conflits, c'est ne pas rechercher à tout prix l'amour et les câlins de ses enfants, c'est s'intéresser à ses enfants tout en ne les mettant pas non plus au centre de sa vie, c'est être heureux dans sa vie d'homme et de femme pour ne pas réclamer à ses enfants ce qu'ils n'ont pas à nous donner, c'est rester à une bonne distance de ses enfants, ni trop lointains, ni trop absents, ni trop intrusifs.

Élever un enfant, ce n'est pas chercher à le séduire. C'est l'aider à ne pas être soumis à la toute-puissance de ses pulsions, à apprendre à renoncer ou à différer la réalisation de ses désirs.

Prendre le temps

□ Prendre le temps de respirer

Créer un sas de décompression pour reprendre sa respiration quand on n'en peut plus. Le reconnaître et essayer alors de faire retomber la pression avant de retrouver son enfant : s'arrêter quelques minutes pour savourer un café, téléphoner, lire quelques pages, ne pas courir, marcher lentement en allant à la crèche, se mettre une cassette de musique qu'on aime bien dans la voiture, etc. Si l'on est tendu, le moindre grain de sable fera tout exploser et les retrouvailles seront gâchées. Et plus l'on est exaspéré, plus notre enfant est angoissé et plus il nous dévorera. D'où la nécessité d'alterner les moments de proximité et d'échange et des moments où l'enfant peut s'occuper seul de plus en plus longtemps au fur et à mesure qu'il grandit pour que chacun respire et se retrouve avec plaisir.

Nombreuses sont les mères qui, au retour à la maison, passent un quart d'heure avec leur enfant avant tout autre occupation. Elles remarquent qu'ensuite il est plus détendu et coopérant. Certaines branchent le répondeur quand c'est l'heure des enfants. Alors que si elles se précipitent dans une activité comme préparer le dîner ou passer un coup de fil, leur enfant est « crampon » et opposant toute la soirée.

□ Prendre le temps d'être parent : d'écouter, de donner et d'aimer ses enfants

« Un enfant, quand il est exaspérant, on ne peut appuyer sur un bouton pour le faire cesser, c'est une leçon de patience. »

On entend souvent qu'aujourd'hui on a de moins en moins de temps pour aimer, pour partager, pour vivre ensemble des émotions qui provoquent l'attachement et des souvenirs indispensables à la vie affective et sociale de chacun. On ne peut constamment se décharger de ses enfants comme on a envie de le faire pour la vaisselle ou les courses. Remettons à plus tard la vaisselle ou les courses et donnons un peu de temps à nos enfants, rien que pour eux, passons un peu moins de temps devant nos écrans, télévision, ordinateur ou au téléphone : les enfants ont besoin d'un minimum d'échanges avec leurs parents pour s'ancrer avec sécurité puis avoir envie d'explorer le monde.

□ Transformer les temps obligés en temps de partage

Les temps obligés sont tous ces moments où l'on accompagne ses enfants dans les dix premières années de leur vie, et quelquefois plus longtemps, à l'école ou ailleurs et que l'on vit souvent comme de lourdes contraintes répétitives. Pourtant, on peut en profiter pour échanger, se parler, écouter. Ça peut devenir un temps privilégié où l'on est tout seul avec l'un de ses enfants, ce qui lui offre l'opportunité de dire ce qu'il n'a pas envie de dire devant ses frères et sœurs ou pour le parent de s'adresser à son enfant en tête à tête.

□ Dégager du temps sans objectif

Avoir des temps sans buts précis, sans obligation de performance pour le seul plaisir d'être ensemble, pour créer du lien et un climat de sécurité. « La tendresse, c'est le temps, le temps aboli, le temps qui prend son temps, le temps qui se laisse aller à rêver », a dit un jour joliment Michel Soulé. Avec le zapping (passage d'une activité à une autre, d'un programme à un autre), les longs temps ne peuvent plus se dérouler, se déposer, sédimenter, laisser advenir une transformation. Je ne sais plus qui disait : « L'instant nous distrait de nous-même et le moment nous conduit à nous-même. » Prendre des temps pour jouer, rire, faire les fous, bousculer les horaires, sortir de l'ordinaire, prendre le temps de ne rien faire, s'offrir des temps non programmés qui laissent place à l'imprévu ou à l'ennui, « découvrir à quel point les temps morts peuvent être des temps de vie [1] » : on sait que l'ennui favorise la créativité.

□ Aider son enfant à acquérir la capacité d'être seul

Être bien avec soi-même, rêver, apprivoiser son monde intérieur avec ses contradictions, trouver ses propres moyens de s'apaiser sans avoir recours aux parents, s'ennuyer, gérer sa solitude, avoir besoin de temps seul, voilà qui est aussi essentiel dans l'éducation d'un enfant.

Soyons présents, mais laissons-les aussi avec eux-mêmes, laissons-les apprendre la solitude : ils se sentiront plus forts et auront moins besoin de nous dévorer par des demandes sans fin.

Ne leur offrons pas continuellement des images ou des objets : ils ont surtout besoin d'affection et de paroles.

1. Etty Buzyn, *Papa, Maman, laissez-moi le temps de rêver*, Albin Michel, 1995.

Donnons-leur plutôt le goût de lire pour développer leur construction intérieure, pour leur laisser appréhender les méandres et les nuances de leur vie pulsionnelle, et éteignons davantage les écrans de la maison pour qu'ils aient le loisir d'élaborer leurs propres images sans être happés par des images construites ou virtuelles.

S'identifier à son enfant, ni trop, ni trop peu

Un minimum d'identification à son enfant, c'est-à-dire la capacité de se mettre à sa place, est indispensable pour apprécier son chagrin, ses souffrances, ses colères, ses désirs et ses joies.

Si l'on s'y identifie de trop, c'est-à-dire qu'on a l'impression que lui et soi-même ne font qu'un, il va nous être difficile de mettre des limites et de savoir quand lui dire « non » : lui et nous-même nous confondons et l'amalgame n'aide pas à repérer ce qu'il est préférable de faire.

Si l'on ne s'y identifie pas, on ne va pas du tout comprendre ses désirs ou ses chagrins, on sera tellement loin de lui et de son univers et l'on agira d'une façon rigide et stéréotypée qui ne tiendra pas compte de la personnalité et des fragilités de son enfant.

Déléguer

Demander de l'aide prouve que l'on a conscience de ses propres mouvements agressifs On a le droit d'être exaspéré, on peut le sentir et passer le relais avant que ça ne dégénère. Être tout le temps attentif et vigilant est souvent ressenti comme pesant. On peut avoir envie d'un répit.

Faire confiance à d'autres bras et, en premier lieu, au

père de son enfant. Qu'importe qu'il ne s'en occupe pas de la même manière ! Au contraire, le bébé se construira dans cette différence. Et de déléguer permettra au père d'être en tête à tête avec lui, de développer sa propre relation avec son enfant en dehors du regard quelquefois critique de sa femme. C'est, on l'a vu, la présence du père qui atténuera les risques d'agressivité et de destructivité d'une relation trop fusionnelle d'une mère avec son enfant, qui déjouera les projections destructrices qu'elle pourrait faire sur lui.

Ne pas renoncer complètement à ce qui est vital pour soi

Savoir reconnaître ce dont on a besoin pour se sentir bien et essayer de le réaliser un peu : parler avec des amis, faire du sport, avoir une activité culturelle, dormir, partir dans sa famille, exercer son métier parce qu'on l'aime ou parce que cela permet de ne pas rester à la maison avec l'impression de tourner en rond et d'être seule avec son enfant, faire une activité artistique, aller boire un pot chez une voisine, etc. Tout ce qui contribue au bien-être des parents contribue sans nul doute au mieux-être de leurs enfants. Un parent peut s'autoriser à avoir d'autres pôles d'intérêt que son enfant sans cesser de l'aimer pour autant. « Il a toujours pris toute la place, il me bouffait. J'ai pris conscience que je pouvais faire des choses pour moi tout en continuant à l'aimer », me confie la mère de Rémi, quatre ans, jusque-là très fusionnelle avec lui. Moins frustré, il sera plus réceptif à son ou à ses enfants. « Depuis que je travaille, j'ai plus de patience. Comme je fais d'autres choses, je suis alors plus disponible à mon enfant. »

Si l'un des parents profite du week-end pour se livrer

quelques heures à son passe-temps favori, il est évident que l'autre, qui n'aura pu faire comme lui, devra s'efforcer de ne pas le lui faire payer – ou le faire payer à ses enfants – à un moment ou à un autre ; aussi faudra-t-il que ce ne soit pas toujours le même qui jouisse d'un peu de temps libre...

Et surtout, il est important que les parents prennent conscience de leurs propres limites. Anticiper avant que ça ne dégénère, avant que ça ne s'embourbe et que parents et enfants restent enlisés dans des spirales de cris ou de violence. Savoir repérer quand on tient et quand on ne tient pas, ce qui nous fait craquer et peut nous conduire à des abus de pouvoir sadiques. Essayer de mettre des garde-fous non pas pour éviter les incontournables conflits, mais pour rendre moins explosives les situations avec leur cortège de dégâts, de mots trop forts, de coups, d'atmosphères gâchées, de journées lourdes et pesantes.

Ne pas se dédier uniquement à ses enfants

Donner à l'enfant l'occasion de profiter de la présence de ses deux parents ensemble ou, s'ils sont séparés, de les voir avec d'autres adultes : il apprendra ainsi à supporter d'être momentanément exclu de leur espace et de leur intimité et aura alors davantage envie de se tourner vers l'extérieur, vers ses copains.

Essayer de ne pas se montrer un parent de « devoir » qui dira plus tard à ses enfants : « Vous m'avez assez pris de temps, j'ai maintenant envie de m'occuper de moi ! » Ne pas se laisser déborder par les « il faut », mais accepter de faire comme on peut.

Vivre pleinement sa vie de femme et sa vie d'homme.

« Pour être un bon père, dit Patrick Ben Soussan, il faut être un bon mari, être l'homme de sa femme, être l'objet de désir de sa femme[1]. »

Non, les enfants ne peuvent pas faire *tout* le bonheur de leurs parents[2].

1. « Bébé, ton père est normal », communication prononcée lors de la journée sur *La vie méconnue de l'enfant normal* organisée par Michel Soulé, Bernard Golse et Marcel Rufo le 1er juin 2002 à la Maison de la chimie à Paris. Inédit.
2. Pensons à la mère décrite dans *L'Arrache-cœur*, de Boris Vian. « Ses enfants [lui] tiennent lieu de tout, ils sont son unique raison d'exister », au point qu'elle finit par les mettre en cage pour qu'ils ne lui échappent pas : « Ça devait être merveilleux de rester tous ensemble comme ça, avec quelqu'un pour vous dorloter, dans une petite cage bien chaude et pleine d'amour ! » Aussi deviennent-ils complètement dépendants d'elle, incapables de se tourner vers l'extérieur. Le contraire de toute éducation.

Conclusion

« J'ai l'impression de courir tout le temps, c'est fatigant, je n'ai pas une minute à moi, mais c'est aussi ça la vraie vie, c'est pas parfait, on ne fait pas toujours ce qu'on veut. Et quand je rentre à la maison, c'est plein de jouets, plein de couleurs, plein de gens que j'aime, mes enfants qui courent, mon compagnon, l'essentiel est là. »

Après la lecture de ce plaidoyer pour l'ambivalence, j'espère que bon nombre de parents la reconnaîtront, l'apprivoiseront, l'accepteront sans trop de culpabilité. Être parent, c'est avoir le droit d'être exaspéré, d'avoir envie de souffler, d'avoir des réactions parfois agressives, mais aussi de s'extasier et de trouver son enfant le plus beau du monde. Être parent, c'est accepter la palette de ses émotions, ses limites et ne pas chercher à être quelqu'un d'idéal qui ne serait que dévouement, disponibilité, calme et compréhension. C'est se préserver un espace de liberté sans culpabiliser, c'est s'organiser pour ne pas être dans le sacrifice, c'est ne pas avoir peur de compter sur d'autres bras quand on n'en peut plus, c'est essayer d'être heureux dans sa vie d'homme ou de femme.

« Nous sommes dans une société dépressive qui a

trop peur de ses pulsions agressives, le vilain, c'est l'autre[1]. »

Il est important que la société aide davantage les parents à mieux articuler leur vie professionnelle et leur vie familiale pour que les demandes légitimes de leurs enfants ne soient pas vécues par eux comme persécutrices et insupportables. Dire à son enfant qu'on est fatigué quand on le retrouve le soir alors qu'il ne nous a pas vus de la journée, c'est oublier que nous sommes ses parents. Ne jamais partager de moments chaleureux de plaisir ensemble, c'est aussi oublier que nous sommes ses parents et qu'il en a besoin pour supporter les frustrations de la vie. Ne pas fixer de limites à son enfant pour faire l'économie de conflits, c'est aussi oublier que nous sommes ses parents et que nous sommes là non pour le séduire, mais pour qu'un jour il puisse se passer de nous sans angoisse.

Pourquoi alors nous sentons-nous si souvent exaspérés par lui ? Un enfant oblige ses parents, à tout instant, à se remettre en cause, à se positionner par rapport à des décisions à prendre et à les justifier, il ne leur laisse pas de répit, car il les renvoie à leur enfance, à leurs propres parents, aux problématiques enfouies, il réveille ce qui n'est pas résolu chez eux, il rouvre les plaies mal cicatrisées, il fait ressurgir les bonheurs et malheurs de l'enfance, il charrie, tel un fleuve, les alluvions de plusieurs générations, sans faire de bruit, en avançant doucement mais sûrement. Quelquefois, il provoque une crue qui inonde brutalement la famille ou l'un de ses membres au risque de le noyer.

La venue d'un enfant ouvre à un questionnement qui ne s'interrompra jamais plus, il empêche de rester campé sur ses positions, l'enfant est un éveilleur, un formidable agitateur, un révolutionnaire qui peut faire basculer l'édifice des

1. Patrice Huerre, communication prononcée lors de la journée *La vie méconnue de l'enfant normal*, organisée par Michel Soulé, Bernard Golse et Marcel Rufo le 1er juin 2002.

valeurs que nous pensions nous être forgées, qui peut faire imploser les principes que nous souhaitions appliquer. Il est un accoucheur de nous-même :

« Avoir un enfant : avoir une nouveauté. Non pas une nouveauté de quelque chose de nouveau que l'on a, que l'on vous donne, que l'on fabrique mais la nouveauté de soi-même [1]. »

« Avec eux, on ne joue aucune comédie, en les retrouvant, on quitte la singerie du monde pour retrouver un semblant de vérité [2]. »

Ce livre, je l'espère, loin de renforcer la culpabilité des parents, qui n'en ont pas besoin, les aidera à s'en libérer en osant dire ces pensées secrètes qui les assaillent et les tenaillent. Qu'ils reconnaissent et apprivoisent leurs ressentiments, leurs exaspérations, leur hostilité ou même leur haine à l'égard de leurs enfants. Ils sont normaux et ils n'en sont pas pour autant des monstres. Qu'ils n'essaient pas non plus d'être « parfaits » : les enfants se construisent aussi sur leurs failles et ils n'auront alors plus peur des leurs.

Un jour viendra où les « maman ! » ou « papa ! », criés par leurs enfants, petits et grands, ne résonneront plus dans la maisonnée et où les clameurs se tairont. Ce sera le silence. Ils ne se sentiront plus dévorés, certes, mais alors ? Le calme revenu, le deuil fait après leur départ, ils se tourneront vers eux-mêmes, fort de ce qu'ils leur auront appris et ils commenceront une nouvelle tranche de vie tandis que leurs enfants mèneront seuls leur barque.

Que ce livre contribue à la bientraitance des enfants et de leurs parents, c'est mon vœu le plus cher.

1. Jean-Marie Delassus, « Vaciller, elles vacillent les mères... », in *Soins Pédiatrie-Puériculture*, n° 192, janvier-février 2000, p. 17.
2. Nathalie Azoulai, *Mère agitée*, p. 198.

Bibliographie

AMBRY Stéphane, BEN SOUSSAN Patrick, *Un bébé est battu*, Érès, « Mille et un bébés », 1998.

AZOULAI Nathalie, *Mère agitée*, Le Seuil, 2002.

BADINTER Élisabeth, *L'Amour en plus. Histoire de l'amour maternel*, Flammarion, 1980.

BENHAIM Michèle, *L'Ambivalence de la mère, Étude psychanalytique sur la position maternelle*, Érès, 2000.

BUZYN Etty, *Me débrouiller, oui, mais pas tout seul*, Albin Michel, 2001.

BYDLOWSKI Monique, *Je rêve un enfant, l'expérience intérieure de la maternité*, Odile Jacob, 2000.

COHEN-SOLAL Julien, *Comprendre et soigner son enfant*, Laffont, 1975.

COUCHARD Françoise, *Emprise et violence maternelle, Étude d'anthropologie psychanalytique*, Dunod, 1991.

DELAISI DE PARSEVAL Geneviève, *La Part du père*, Seuil, 1998.

ELIACHEFF Caroline, HEINICH Nathalie, *Mères-filles, une relation à trois*, Albin Michel, 2002.

JEAMMET Nicole, *Les Violences morales*, Odile Jacob, 2001.

JEAMMET Nicole, *La Haine nécessaire*, PUF, 1999.

KREISLER Léon, *Le nouvel enfant du désordre psychosomatique*, Privat, 1992.

OLIVIER Christiane, *L'Ogre intérieur, de la violence personnelle et familiale*, Fayard, 1999 ; *Peut-on être une bonne mère ?*, Fayard, 2000.

ROCHETTE Joëlle, *Rituels et mise au monde psychique*, Érès, « Mille et un bébés », 2002.

TARTOUR Martine, *Toutes coupables*, JC Lattès, 1991.

THIRION Marie, *Les Compétences du nouveau-né*, Albin Michel, 1994.

SERRURIER Catherine, *Ces femmes qui en font trop*, La Martinière, 2002.

WINNICOTT Donald W., *Conseils aux parents*, Bibliothèque scientifique Payot, 1995 ; *De la pédiatrie à la psychanalyse*, Payot, 1969.

Table des matières

DU MÊME AUTEUR

Moi, la nuit, je fais jamais dodo,
Fleurus, 2000

DANS LA MÊME COLLECTION

Intelligent mais peut mieux faire
Jean-Luc AUBERT

Quels repères donner à nos enfants dans un monde déboussolé ?
Jean-Luc AUBERT

Du berceau à l'école – Les chemins de la réussite
Jean-Luc AUBERT

Mes parents se séparent – Je me sens perdu
Maurice BERGER et Isabelle GRAVILLON

Sectes, gourous, etc. – Éviter aux ados de se laisser piéger
Dominique BITON

Petite terreur ou souffre-douleur – La violence dans la vie de l'enfant
Stéphane BOURCET et Yves TYRODE

Petits tracas et gros soucis de 1 à 7 ans – Quoi dire, quoi faire
Christine BRUNET et Anne-Cécile SARFATI

Une famille, ça s'invente – Les atouts des parents, les atouts des enfants
Hélène BRUNSCHWIG

Papa, Maman, laissez-moi le temps de rêver !
Etty BUZYN

Me débrouiller, oui, mais pas tout seul !
Etty BUZYN

La Mort pour de faux et la Mort pour de vrai
Dana CASTRO

Il a du mal à l'école – Un peu, beaucoup, trop... comment l'aider
Brigitte CHEVALIER

Vos enfants ne sont pas des grandes personnes
Béatrice COPPER-ROYER

Peur du loup, peur de tout – Peurs, angoisses, phobies de l'enfant et de l'adolescent
Béatrice COPPER-ROYER

Doué, surdoué, précoce – L'enfant prometteur et l'école
Sophie CÔTE

Adolescence à problèmes – Comprendre vos enfants pour les aider
Dr Patrick DELAROCHE

Doit-on céder aux adolescents ?
Dr Patrick DELAROCHE

Parents, osez dire non !
Dr Patrick DELAROCHE

Oser être mère au foyer
Marie-Pascale DELPLANCQ-NOBÉCOURT

Parents de cœur – Comprendre l'enfant adopté
Sherrie ELDRIDGE

Blessures d'enfance – Les dire, les comprendre, les dépasser
Nicole FABRE

J'aime pas me séparer – Toutes les séparations dans la vie de l'enfant
Nicole FABRE

Amour, enfant, boulot... comment sortir la tête de l'eau
Anne GATECEL et Carole RENUCCI

Les mères qui travaillent sont-elles coupables ?
Sylviane GIAMPINO

Il était une fois le bon Dieu, le Père Noël et les fées – L'enfant et la croyance
Dominique GOBERT

Notre enfant d'abord – Du divorce à la médiation familiale
Muriel LAROQUE et Marie THÉAULT

Papa, Maman, on m'a traité de gros
Élisabeth LESNE

Tracas d'ados, soucis de parents
Pr Daniel MARCELLI et Guillemette de LA BORIE

Le Chemin de l'adoption – Le cœur et la raison
Jean-François MATTEI

Tu ne seras pas accro, mon fils ! – Peut-on éviter à nos enfants de devenir dépendants ?
Dr Jean-Claude MATYSIAK

L'Enfant unique – Atouts et pièges
Carl E. PICKHARDT

J'suis pas motivé, je ne fais pas exprès
Brigitte PROT

Papa, Maman, j'y arriverai jamais ! – Comment l'estime de soi vient à l'enfant
Emmanuelle RIGON

Pourquoi pleurent-ils ? – Comprendre le développement de l'enfant, de la naissance à 1 an
Hetty van de RIJT et Frans X. PLOOIJ

Aidez-moi à trouver mes marques ! – Les repères du tout-petit
Michael ROHR

Toutes les questions que vous vous posez sur l'école maternelle
Nicole du SAUSSOIS

Les Risques de l'adolescence
Gérard SÉVÉRIN

Crèches, nounous et Cie – Modes de garde, mode d'emploi
Anne WAGNER et Jacqueline TARKIEL

Hors collection

Petites histoires pour devenir grand – À lire le soir pour aborder avec l'enfant ses peurs, ses tracas, ses questions
Sophie CARQUAIN

Cet ouvrage composé
par I.G.S. - Charente Photogravure
à L'Isle-d'Espagnac,
a été achevé d'imprimer sur Roto-Page
par l'Imprimerie Floch à Mayenne,
pour les Éditions Albin Michel
en septembre 2003.

N° d'édition : 22036.
N° d'impression : 58048.
Dépôt légal : octobre 2003.
Imprimé en France.